Hans-Eckbert Treu
Zwangsanstalt Schule

W

Hans-Eckbert Treu

Zwangsanstalt Schule

Dressur zum Einheitsmenschen

Walter-Verlag Olten und Freiburg im Breisgau

Alle Rechte vorbehalten
© Walter-Verlag AG, Olten 1989
Satz: Jung SatzCentrum, Lahnau
Druck und Einband: Grafische Betriebe
des Walter-Verlages
Printed in Switzerland

ISBN 3-530-88600-9

Inhalt

Einführung

Es gibt wohl kaum einen Bereich in der Gesellschaft, in dem die ideologische Borniertheit von Politikern und diesen nahestehenden Wissenschaftlern soviel Unheil angerichtet hat wie im Schulsystem. Sie haben aus einer angstmachenden Drillanstalt eine krankmachende Zwangsanstalt gemacht. Dies alles ist in der Folge von Reformen geschehen, mit denen mehr soziale Gerechtigkeit und mehr Chancengleichheit verwirklicht werden sollte. Das Resultat ist eine den tatsächlichen Problemen von Kindern gegenüber lernbehindernde staatliche Zwangsanstalt, deren Kinderfeindlichkeit eine neue Qualität erreicht hat.

Das vorliegende Buch ist unter anderem ein Resultat meiner ca. fünfzehnjährigen Auseinandersetzung als sogenannter Wissenschaftler (Soziologe, Pädagoge) mit unserem Schulsystem. Es gibt aber auch meine Erfahrungen als Vater von drei Kindern wieder. Darüber hinaus ist in ihm zusammengefaßt, was einem alles passieren kann, wenn man sich weigert, sein Kind in eine staatliche Schule zu schicken, weil man sein Kind vor Schaden durch die Schule bewahren will. Mit anderen Worten: wenn man zum Schulverweigerer wird.

Wir (meine Frau und ich) haben unser drittes Kind (Daniel) nach zwei Jahren aus dem Schulsystem abgemeldet und ihn zu Hause unterrichtet, weil wir befürchteten, daß Daniel auf Dauer psychische Schäden davonträgt, wenn er weiter zur Schule geht. Sicherlich wäre er in der Schule auch zu einem Analphabeten geworden, da er sich dort nicht weiter-, sondern zurückentwickelte. Als der Fall bekannt wurde, weil die Behörden eine zwangsweise Zuführung zur Schule versuchten und dies von der Presse aufgegriffen wurde, hatten wir das Gefühl, eine mittlere

Lawine ausgelöst zu haben. Denn aus dem ganzen Bundesgebiet bekamen wir von Eltern Anfragen (brieflich, telefonisch), ob so etwas geht (Kind zu Hause unterrichten), wie man dabei vorgehen muß usw. Viele Eltern wollten auch nur einmal über die eigenen Probleme reden. Bei Vorträgen habe ich auch eine große Anzahl Eltern kennengelernt, die aus Angst um die schulische Zukunft ihrer Kinder einfach nicht mehr weiter wußten. Teilweise waren sie im gesamten Bundesgebiet auf der Suche nach einer geeigneten Schule und bereit, hierfür auch umzuziehen. Ich habe dieses ganze Schulelend von Kindern gesammelt und daraus die vorliegende Schulkritik geschmiedet, die einerseits den zynisch-fürsorglichen Charakter der Zwangsanstalt enthüllen, andererseits aber auch Argumentationshilfe zum Widerstand gegen die Zerstörung von Kinderpersönlichkeiten leisten soll.

Einzelne Kinderschicksale können – von Ausnahmen abgesehen – nicht geschildert werden, da die Eltern aus Angst vor staatlichen Repressalien mit ihren Problemen nicht an die Öffentlichkeit wollen. Die Informationen und Materialien von Eltern sind qualitativ ausgewertet, d. h. die aus den einzelnen Fällen erkennbaren Entwicklungen und Probleme sind zu übergreifenden Ergebnissen zusammengefaßt, die in typischer Weise wiedergeben, wie es Kindern ergeht, die nicht in dieses Schulsystem hineinpassen. Das gilt unabhängig davon, ob die Kinder hoch- oder minderbegabt sind.

Eines der wichtigsten Ergebnisse ist, daß die Kinderfeindlichkeit in der heutigen Zwangsanstalt eine neue Qualität erreicht hat. Sicherlich war auch das traditionelle Schulsystem vor den Bildungsreformen eine lebensfeindliche Zwangsanstalt, die nicht nur soziale Ungleichheiten verfestigte, sondern in dem in den Vorstellungen von Erziehung ein Kinderbild wirkte, das eine weitgehend ungehinderte Entfaltung dessen, das in der Literatur als «Schwarze Pädagogik» bezeichnet wurde, ermöglichte, aber Zwang und Sadismus waren als solche noch erkennbar. In der modernen, staatsfürsorglichen «Roten Pädagogik» sind sie Bestandteile von allgegenwärtigen übermächtigen Strukturen geworden, die die Entfaltung der Kinderpersönlichkeit ersticken und gegen die es kaum noch die Möglichkeit von Widerstand gibt.

Die teilweise unverhüllte Aggressivität gegenüber Kindern in der «Schwarzen Pädagogik» ist eine Epoche in der Beziehung Erwachsene/Kinder bzw. Schule/Kinder, die weitgehend überwunden ist. Es sind nicht mehr Faust und Schlagstock, die die Menschen für die verordnete Normalität zurichten oder die «Minderen» von den «Normalen» aussondern. Man kann aber auch nicht sagen, daß die Mittel und Methoden der menschlichen Zurichtung wesentlich subtiler geworden sind. Ihr äußeres Gewand erscheint nur nicht so grobschlächtig. Beratungsstellen, Vorschulerziehung und ein immer differenzierteres Sonderschulwesen haben die traditionellen Mechanismen der Anpassung und Selektion ersetzt. Obrigkeitsstaatliche Machtentfaltung wird jetzt als staatliche Fürsorge deklariert. Die Unterdrückung wird den Menschen als Wohltat aus staatlicher Verantwortung heraus angedient.

Ein ebenso wichtiges Ergebnis sind die Erfahrungen von Eltern mit der Rechtsprechung. Denn wenn Eltern sich gegen die Zwangsanstalt Schule wehren, geraten sie – nachdem sie sich erfolglos an die Schulbehörden gewandt haben – an die Verwaltungsgerichte, manchmal auch an Amtsgerichte, aber auch an das Bundesverfassungsgericht. Faßt man die Entscheidungen und Urteile dort zusammen, so tritt erstaunliches zutage. Schulpflicht scheint ein *höheres* Rechtsgut zu sein als Grund- und Menschenrechte, und die Urteile werden offensichtlich alle nach ein und demselben Rechtsgrundsatz gefällt. Der lautet: Die Eltern dürfen auf keinen Fall Recht bekommen. Denn wenn erst einmal ein Präzedenzfall geschaffen worden ist – so befürchtet man wohl –, werden die Eltern versuchen, über die Gerichte der Zwangsanstalt Schule ihre Funktionsfähigkeit zu entziehen. Um dies zu verhindern, werden Schulpflicht und Schulprobleme zu politischen Angelegenheiten erhoben, und über sie wird nicht

9

nach rechtlichen sondern politischen Maßgaben entschieden. Dagegen muß man sich sicherlich auch mit politischen Mitteln wehren.

Wichtig in diesem Zusammenhang ist, daß die Eltern die Standardverurteilungen (fälschlich als Beurteilungen bezeichnet) von ihren Kindern nicht mehr hinnehmen. Danach liegt es immer nur am Kind, wenn Schulprobleme auftreten, nie an den unsinnigen und geisttötenden Leistungsanforderungen. Dazu gehört auch, daß die Eltern nicht aus Angst vor der Zukunft die Kinder um jeden Preis der Schule anpassen und ihnen täglich etwas aufzwingen, was langfristig jegliche Leistungsmotivation nimmt. Denn selbst wenn kurzfristig der Notendurchschnitt dadurch angehoben wird, sind die längerfristigen Schäden gravierender.

Es ist gar nicht so schlimm, wenn die schulische Laufbahn nicht so stromlinienförmig verläuft. Die Eltern müssen nur darauf achten, daß es durch die Schulsituation nicht zu inneren Blockaden und Verweigerungen im Lernverhalten kommt, denn wenn sich diese erst einmal eingeschliffen haben, wird das Kind mit Sicherheit irgendwann als lernbehindert abgestempelt und kann dann tatsächlich auch bald nicht mehr lernen. Hier muß von den Eltern vorher eingegriffen werden. Manchmal reicht ein Wechsel auf eine andere Schule, eine Privatschule beispielsweise, die es sich nicht leisten kann, Kinder als Mindermenschen zu behandeln. Teilweise bleibt aber nichts anderes übrig, als das Kind eine Zeitlang zu Hause zu behalten. Entsprechende Gutachten und Atteste stellt heute bald jeder Arzt ohne größere Probleme aus. Aber Vorsicht! So ein Gutachten kann, auch wenn es noch so zurückhaltend formuliert ist, sich als Bumerang erweisen und das Kind stigmatisieren.

Wichtig ist, daß die Eltern das Vertrauen in ihr Kind nicht verlieren. Sie sollten beispielsweise an Albert Einstein denken. Der hat seinerzeit mit Ach und Krach die mittlere Reife geschafft. Heute würde der kleine Albert sicherlich sehr früh als ein auffälliges Kind eingestuft werden. Er wäre von seiner Begabungsstruktur her wahrscheinlich ein Legastheniker, den man alsbald in eine Sonderschule für Lernbehinderte abgeschoben hätte. Dort hätte man mit fürsorglichem Aufwand eine Entfaltung der tatsächlichen Anlagen Alberts verhindert.

Auch wenn ich auf meine eigene wechselvolle Schullaufbahn zurückschaue, habe ich – wenn ich mir das heutige Bildungsunwesen anschaue – das Gefühl, gerade noch einmal davongekommen zu sein. Ich bin 1943 geboren und 1950 zur Schule gekommen. Als Kind aus einer Arbeiterfamilie wurde ich selbstverständlich denen zugeteilt, die von vorneherein vom Besuch einer weiterführenden Schule ausgeschlossen wurden. Die soziale Verurteilung wurde erst aufgehoben, als ich einen anderen, aufgeschlosseneren Lehrer bekam, aber da war es für einen Wechsel zu spät. Nach acht Jahren Volksschule absolvierte ich eine dreieinhalbjährige Lehre als Maschinenschlosser. Eine grausame Zeit, da ich für diesen Beruf völlig ungeeignet war.

Meine von meinem zweiten Lehrer an der Volksschule geweckten Aufstiegsmotivationen vermochte aber selbst die Tortur der Lehre nicht mehr zu brechen, und ich holte – mit Umwegen – allmählich die Hochschulreife nach. Mein Studium habe ich dann in der kürzest möglichen Zeit geschafft. Promoviert und habilitiert habe ich mich, ohne mich totzuarbeiten. Daraus kann man mit einiger Sicherheit schließen, daß ich nicht lernbehindert bin. Aber wenn ich mir heute den Unterricht in den Grundschulen anschaue und sehe, mit welchen Methoden und Zielsetzungen den Kindern dort Lesen, Schreiben und Rechnen beigebracht werden soll, bekomme ich nachträglich noch Angst. Auf diese Weise hätte ich nie Lesen und Schreiben gelernt, da dieser Unterricht völlig an meiner Begabungsstruktur bzw. an meinem Lerntyp vorbeigeht. Ich würde heute sicherlich als auffällig eingestuft und auf eine Sonderschule für Lernbehinderte abgeschoben. Ich würde mich jederzeit noch einmal der «Knochenmühle» eines Habilitationsverfahrens unterziehen, weil darin ja auch nach Kreativität gefragt ist, aber vor dem Unterricht in den Grundschulen graut mir.

1950 war ich als Arbeiterkind in den Schulen benachteiligt, aber irgendwie konnte man das durch eigene Initiative korrigieren. Heute würde mir aber die Sonderschule für Lernbehinderte blühen – und das kann niemand mehr korrigieren.

Das Schulsystem wird heute den Eltern und Kindern als ein selbstverständliches, übermächtiges und unentrinnbares Gebilde präsentiert, das Anpassung und Unterwerfung verlangen und durchsetzen kann. Das Aufbegehren hiergegen versucht man mit Unterstützung der Justiz zu brechen. Es ist das Ziel meines Buches, dieses Zusammenspiel von Zwang, Manipulation und Konformität aufzubrechen. Eltern und Kinder sollen erfahren, daß sie die Zumutungen dieses Systems nicht wie Naturschicksale hinzunehmen brauchen. Es gibt höhere Rechte als Schulpflicht, und Widerstand ist möglich!

Das Buch richtet sich aber nicht nur an die unmittelbar Betroffenen (Eltern, Kinder), sondern auch an jene, denen die Zukunft unserer Gesellschaft nicht gleichgültig ist. Denn das jetzige Schulsystem produziert in erster Linie Problemverwalter, keine Problemlöser. Kreativität und Phantasie sind in diesem Bildungsunwesen Eigenschaften, die erfolgreiches Lernen stören, und müssen daher unterdrückt werden. Angepaßte Untertanen mögen für die derzeit in der Bundesrepublik die politische Macht Ausübenden bequem sein, aber die drängenden Probleme der Zukunft im Umweltschutz, Abbau der Arbeitslosigkeit und der militärischen Überrüstung sind mit ihnen nicht zu lösen. Die Aktivitäten in den Schulen und der Vorschulerziehung sind darauf ausgerichtet, den Einheitsmenschen zu schaffen, der fugenlos in die Massengesellschaft paßt. Das darf nicht so weitergehen, wenn diese Gesellschaft als ein lebendiges Gebilde überleben will. In den Schulen müssen wieder den unterschiedlichen Begabungs- und Persönlichkeitstypen Möglichkeiten zur Entfaltung ihrer tatsächlichen Anlagen gegeben werden.

Die Schule:
Von der angstmachenden Drillanstalt zur
krankmachenden Zwangsanstalt

Sinn und Aufgabe der Schule war – so gibt die Literatur hierzu Auskunft –, durch einen systematisch geordneten Unterricht, ohne den die natürliche Fortpflanzung der Kultur nicht mehr möglich ist, die Übermittlung des Kulturgutes zu sichern. «Also, wenn in einer Kultur die gesammelten Erfahrungen, Kenntnisse und Fertigkeiten so umfangreich, so differenziert in ihren Zusammenhängen so verwickelt und in ihrem Aufbau so vielgradig geworden sind, daß sie sich nicht mehr ohne weiteres übersehen und von der nachwachsenden Generation im Vollzug des Lebens gleichsam beiläufig erwerben lassen, wenn also die Kultur sich nicht mehr ‹von selbst› fortpflanzen kann, dann wird eine kunstvoll Schritt für Schritt vorgehende, vom Einfachen in das komplizierte Ganze allmählich einführende Unterweisung nötig.»[1]

Nun, dieser Definition würde sicherlich jeder gern zustimmen, aber eine solch wertneutrale Einrichtung Schule hat es nie gegeben. Über die Schule wurden immer gesellschaftspolitische Zielsetzungen verfolgt, und irgendwie war sie auch immer ein Spiegelbild der Gesellschaft, denn in ihr und der Familie erfuhren Kinder die entscheidende kulturelle Prägung, die den Bestand und die Fortentwicklung der Gesellschaft sicherte.

Das Zitat gibt einen Idealzustand wieder, der in den Schulen des traditionellen Schulsystems allenfalls angestrebt wurde. Aber unbestreitbar ist, daß eine differenzierte Wissensvermittlung danach einen wesentlich höheren Stellenwert hatte als heute. Vollständig erfaßt ist die Schulwirklichkeit für die Zeit bis vor ca. 30 Jahren allerdings erst, wenn man die vorstehende Definition durch ein Zitat Martin Luthers ergänzt: «Wer die Rute schont, haßt seinen Sohn.» Fügt man beide Zitate zusammen und bildet aus beiden einen «Mittelwert», so hat man in etwa eine zutreffende Beschreibung des traditionellen Schulsystems. Ergänzen läßt sich das dann sehr gut durch eigene Erinnerungen. Die angstmachende Drillanstalt war in der Regel ein häßlicher roter Backsteinbau, die Lehrerinnen alte Jungfern, die Lehrer grämliche, verbiesterte alte Männer. Der Geist in diesen Drillanstalten hatte konservativen bis ständischen Charakter. Bildungschancen der Kinder wurden nach dem sozialen Status der Eltern zugeteilt. Gehorsam und Unterordnung wurden ohne jegliche Widerrede erwartet. Wenn nicht, wurde auf die bewährten Mittel Martin Luthers zurückgegriffen.

Man hatte Angst, nicht unbedingt vor der Schule, aber vor bestimmten Lehrern. Trotz aller Angst war es aber selbstverständlich, daß man in der Schule lernte. Lernen war – obwohl die äußeren Umstände nicht gerade stimulierend waren – ein sinnvoller Prozeß. Die Unterrichtsmaterialien und Schulbücher waren so aufbereitet, daß auch der dümmste Lehrer Lernprozesse nicht zerstören konnte, wenn er sich an seine Vorgaben hielt.

Angst blieb für Kinder ein begrenztes, an den persönlichen Sadismus von Lehrern gebundenes Phänomen, das beispielsweise Bauchschmerzen vor der Schule hervorrief, aber noch ohne einen Psychiater bewältigt werden konnte. Die traditionelle Schule schuf den gebildeten (wenn er dafür für würdig erachtet worden war), aber auf jeden Fall gehorsamen Untertan, der nach der Schule ohne viel zu fragen seine Pflicht erfüllte (welche Konsequenzen das haben konnte, ist bekannt) und für den der Psychiater ein Privileg der Müßiggänger und der durch ihr Hausfrauendasein nicht ausgefüllten Frauen war.

In dem heutigen Schulsystem ist der Psychiater kein Privileg mehr, sondern eine Notwendigkeit. Denn die Angst verursacht nicht mehr nur Bauchschmerzen bei Kindern, sondern dauerhafte psychische Schäden. Angst und Kinderfeindlichkeit haben eine neue Qualität erlangt. Der persönlich zurechenbare Sadismus der Schwarzen Pädagogik ist der anonymen strukturellen

Gewalt der Roten Pädagogik gewichen. Die Rote Pädagogik zeichnet sich insbesondere dadurch aus, daß niemand im gesamten Schulsystem persönlich für einzelne Kinder verantwortlich ist. Es sind Verordnungen und Vorschriften, die das Verhältnis zu den Kindern regeln, nicht etwa pädagogische Verantwortlichkeit. Auftretende Probleme werden an Beratungsstellen abgeschoben. Die Beurteilung und Einschätzung eines Kindes erfolgt im Vergleich zu den vorgegebenen Durchschnittswerten. Es ist dann immer das Kind, das dem «Normalwert» nicht entspricht. Daß gerade Normalwerte, die aus statistischen Mittelwerten gewonnen werden, der kindlichen Begabungs- und Persönlichkeitsvielfalt nicht zu entsprechen vermögen, vermag in diesem System niemand mehr zu sehen.

Lernen ist vor allem in den ersten Grundschuljahren zu einer endlosen, sinnlosen Quälerei verkommen. Konnten früher Kinder nach einem halben bis dreiviertel Jahr lesen, benötigen sie heute mindestens zwei Jahre. Aber auch dann funktioniert dies nur, wenn die Mutter jeden Nachmittag mit dem Kind zusätzlich übt. Auf jeden Fall wird die Lust zum Lesen jedem Kind grundlegend in den ersten Jahren des Schulbesuchs ausgetrieben. Der Rechenunterricht hat jeden Bezug zur kindlichen Vorstellungswelt verloren. Er wird nicht von den Kindern am besten bewältigt, die entsprechende Begabungen für dieses Fach mitbringen (im Gegenteil, die sind mehr als hinderlich), sondern von denjenigen, die sich am problemlosesten nach einem vorgegebenen Schema abrichten lassen.

Die Methodik und Didaktik, auf die der Unterricht aufbaut, wird von sogenannten Wissenschaftlern erstellt, die überhaupt nicht mehr wissen, wie Kinder denken und fühlen. Lehrerinnen und Lehrer werden von Pädagogen ausgebildet, die – wenn man sieht, mit welchen Vorgaben und Zielsetzungen heute an den Schulen an Kinder herangegangen wird – ihr Kinderbild aus den Grundsätzen der Mechanik gewonnen zu haben scheinen. Kinder sind danach Wesen, die man beliebig prägen, formen, «begaben» und «entwickeln» kann. Jedes Wirtschaftsunternehmen, das seine Mitarbeiter mit einer ähnlichen Qualität ausbilden und sich soweit von den tatsächlichen Bedürfnissen seiner Klienten entfernen würde, könnte seine Marktposition nicht halten und müßte alsbald Konkurs anmelden. Die Schulen in der Bundesrepublik sind jedoch staatliche Zwangsanstalten, denen man nur in Ausnahmefällen (Waldorfschulen) ausweichen kann und die über eine rigide gehandhabte Schulpflicht eine Zwangsrekrutierung betreiben.

Die zwangsrekrutierten Kinder sind bereits vorher mit dem ganzen Instrumentarium der Roten Pädagogik in den Kindergärten für die Anforderungen in den Schulen zugerichtet worden. Es gibt zwar de jure keine Kindergartenpflicht, de facto jedoch schon lange. Denn Eltern laufen Gefahr, daß ihr Kind als sozial benachteiligt eingestuft wird, wenn es nicht schon einige Jahr vor der Schule (wenn es die Wärme und Geborgenheit der Familie nötiger als alles andere benötigt) dem staatlich verordneten Gemeinschaftserlebnis ausgesetzt ist. (Daß früher einmal Kinder mit bestimmten milieu-bedingten Defiziten als sozial benachteiligt galten, soll an dieser Stelle einmal vernachlässigt bleiben, der Bedeutungswandel wird an anderer Stelle untersucht.) Alle Aktivitäten sind darauf ausgerichtet, die Kinder der Schule anzupassen. Daß sich ja eigentlich die Schule den Besonderheiten der Kinder anzupassen hat, ist in der Praxis des Schulalltags in Vergessenheit geraten. Neben den Grundsätzen der Mechanik scheint Prokrustes ein Leitbild moderner Schulpädagogik gewesen zu sein.

Der Riese Prokrustes, der Prototyp aller Gleichmacher, legte alle, die in seine Hände fielen, in ein Bett. Wenn sie zu kurz waren, streckte er sie, waren sie zu lange hackte er ein Stück ab. Die Rote Pädagogik ist ein Prokrustesbett, in dem Kinder mit pseudowissenschaftlicher Weisheit gleichgemacht werden. Die Abweichung eines angehenden Genies vom statistischen Durchschnittswert wird als Auffälligkeit registriert, und das potentielle Genie wird solange pädagogischen Maßnahmen ausgesetzt, bis es dem Durchschnittswert entspricht oder mit ruhigem Gewissen (man hat ja alles getan) in eine Sonderschule abgeschoben werden kann. Kinder, die von ihrem Entwicklungsstand noch nicht dem statistischen Durchschnittswert entsprechen (zu kurz für das Prokrustesbett sind), werden fürsorglich solange gedehnt, bis auch sie abgeschoben werden können. Hier haben die Anpassungsbemühungen nur eine Alibifunktion, denn für diese Kinder stellt die Rote Pädagogik ein immer differenzierter werdendes Sonderschulwesen zur Verfügung, in dem Kinder fürsorglich daran gehindert werden, sich ihren tatsächlichen Begabungen gemäß zu entwickeln.

Aber auch, wenn die Abweichungen eines Kindes vom «Normalen» sich in Grenzen halten, wird ihnen im Unterricht etwas aufgezwungen, das weder kindlichen Interessen noch Lernverhalten entspricht. Die Lernunlust steigt bereits seit vielen Jahren an. Kinder haben Widerstände gegen das, was ihnen abverlangt wird. Sie langweilen sich und haben Mißerfolgserlebnisse, da sie den Leistungsanforderungen keinen Sinn abgewinnen können. Negativerlebnisse verstärken die Antihaltung gegen die Schule und münden allmählich darin ein, daß die Schulsituation als Streß empfunden wird. Innere Verweigerungen und psychische Blockaden machen dann irgendwann Lernen unmöglich. Dann gelten die Kinder als lernbehindert.

Aus der angstmachenden Drillanstalt ist im Zuge der sogenannten Bildungsreformen eine krankmachende Zwangsanstalt geworden. Die ideologische Borniertheit und der Machbarkeitswahn der Reformer haben in den letzten 25 Jahren all das an positivem Wissen verschüttet, das über Jahrhunderte die Vorstellungen von der Bildung eines Menschen durch die Schule prägte.

Comenius (1592–1670), der Begründer der modernen Pädagogik, begriff die Welt selbst als Schule des Menschen und sein Leben als einen unaufhörlichen Bildungs- und Lernprozeß. Schulischer Unterricht kann diesen Lernprozeß unterstützen und fördern, allerdings nicht ersetzen. Die Schule hat danach eine vermittelnde Funktion. Aus dieser Rolle ist sie in den letzten zwanzig Jahren in der Folge der Bildungsreformen herausgewachsen. Sie hat in den Lernprozessen keine Mittlerrolle mehr, sondern in ihr wird weitgehend festgelegt, wie und was Kinder lernen. Die Schule ist in eine Rolle geraten, in der sie gerade das tut, was sie nach Comenius nie hätte tun dürfen, sie hat die Welt als Schule des Menschen abgesetzt und sich selber mit ihren eingeschränkten Perspektiven an deren Stelle gesetzt. In dieser hoffnungslosen Überforderung ist eine der wesentlichen Ursachen für die heutige Schulkrise zu sehen.

Voraussetzung dafür, daß es dazu kommen konnte, war eine Neubestimmung der Rolle des Staates in Schule und Bildung. Im Sinne von Comenius wird der Staat als Ermöglicher von Bildung gesehen. Diese Aufgabenbeschränkung trifft auf die derzeitige Situation in der Bundesrepublik aber in keiner Weise mehr zu, sondern der Staat maßt sich immer mehr die Rolle des obersten Erziehers im gesamten Bildungswesen an. Das führt zu einer weitgehenden Unterdrückung von privaten Initiativen im Bildungswesen und verhindert andere, nicht staatliche Möglichkeiten der Organisation von Lernprozessen (von den dem Staat genehmen Ausnahmen abgesehen). Da Elternrechte in diesem Zusammenhang aufgehoben werden, ist dies auch grundgesetzwidrig und menschenrechtsverletzend, wird jedoch dennoch von der Rechtssprechung (bis hinauf zum Bundesverfassungsgericht) toleriert.

Bis in die sechziger Jahre hinein war dies nur ein potentiell möglicher Zustand. Es fehlte in dem traditionellen Schulsystem eine rationale Durchstrukturierung, die die heutige Rollenausübung möglich gemacht hätte. Mehr Autonomie und Verantwortung in der Selbstführung der Schulen und vor allem ein personales Lehrer-Schüler-Verhältnis anstelle der heutigen verrechtlichen Hierarchisierung ermöglichten Freiräume, die eine verzweckte Lernfabrik verhinderten. Aus der potentiellen wurde erst in der Aufbruchstimmung der sechziger Jahre eine konkrete Möglichkeit, als die sozialgerechte Gesellschaftsordnung gestalt- und machbar erschien. Im Zuge dieser Entwicklung begann im Bildungswesen eine Reformpolitik zu dominieren, die in Anknüpfung an die Tradition und Zielsetzungen der Aufklärung die Menschen, ihr Verhalten und Leistungsvermögen bis ins letzte für erklärbar und folglich Abweichungen von dem zur Norm Erhobenen für kausal behebbar hielt. Vor diesem Hintergrund konnte und mußte die Schule aus der Rolle des Ermöglichers von Lernprozessen heraustreten und in die des «Machers» von Lernprozessen hineinschlüpfen.

Vom Ermöglicher zum Macher war sicherlich der entscheidende Wandel in der Selbsteinschätzung der Menschen in den sechziger Jahren. In der Bildungspolitik hatte dies zur Folge, daß über die Schulen immer konkretere Zwecke verfolgt wurden. Es war in diesem Zusammenhang nahezu selbstverständlich, daß die Entwicklung von Kindern nicht mehr Eigengesetzlichkeiten, für die allenfalls optimale Rahmenbedingungen geschaffen werden mußten, überlassen bleiben konnte, sondern von «außen» gesteuert werden sollte. Zentrale Zielsetzung der Reformer wurde, Verhalten und Einstellung von Kindern durch eine gezielte Förderung in positiver Weise zu verändern. Anfänglich wurde Förderung noch als ein Handlungsinstrument angesehen, dessen Einsatz auf konkret umrissene Bereiche wie beispielsweise milieubedingte Defizite von Arbeiterkindern beschränkt blieb. Allmählich verselbständigten sich die Erwartungen, die an die Möglichkeiten von Förderung geknüpft wurden, aus ihren Entstehungszusammenhängen. Förderung wurde für alle Kinder obligatorisch, Erziehung und Bildung immer mehr als Prägung durch Förderung angesehen. Für eigenständige, selbsttätige Entwicklungen von Kindern blieben kaum noch Freiräume. Entwicklungen wurden nicht mehr ermöglicht, sie wurden gemacht.

Damit ist vor allem die Schule in eine Rolle geraten, die sie nicht ausfüllen kann. Denn die von Pädagogen und Psychologen entwickelten Förderprogramme erreichen nur diejenigen Kinder, deren Begabungsstruktur mehr oder weniger zufällig mit der inneren Ausrichtung der Förderungsmaßnahmen übereinstimmt.

An den Problemen und Anlagen der restlichen Kinder gingen und gehen die Maßnahmen vorbei und zogen Lernunlust und Verweigerung nach sich, die in der Regel den Kindern, nicht dem überforderten Handlungsinstrument angelastet wird. Es ist ein hoffnungsloses Unterfangen, in den Förderungsprogrammen die Begabungs- und Persönlichkeitsvielfalt von Kindern zu berücksichtigen. Daher muß die Steuerung von Entwicklungsprozessen von «außen» (Förderung) gegenüber Abweichungen vom als normal definierten Lerntyp scheitern, bzw. abweichende Begabungen und Persönlichkeitsmerkmale müssen unterdrückt werden.

Der Reduzierung kindlicher Entwicklungsmöglichkeiten auf das Machbare und Kontrollierbare verdanken wir die heutigen Schulprobleme, denn mit ihr ging in den Lernprozessen ein ganzheitliches Menschenbild verloren, und die ursprünglichen Zielsetzungen wurden dem technokratisch Machbaren geopfert. Die umfassenden Forderungen nach Chancengleichheit und Emanzipation mündeten in eine Technisierung von Pädagogik und Psychologie ein, die den ursprünglichen Zielsetzungen keine Entwicklungschancen ließen.

Wir stehen heute vor dem Problem, daß ein lernbehinderndes Schulsystem immer mehr lernbehinderte Kinder produziert. Die aus den Bildungsreformen hervorgegangene Schulwirklichkeit verselbständigt sich immer mehr von der Kinderwirklichkeit weg. Aus den bildungspolitischen Zielsetzungen, mehr Chancengleichheit zu realisieren, ist eine Erziehungsideologie geworden, die den konsequenten Ausbau der Macht des Bildungsapparates gegenüber einzelnen legitimiert und ermutigt. Förderung hat sich längst in Abrichtung gewandelt. In den Schulen werden Kinder nach Programmen «begabt» und «entwickelt», die in ihrem Kern auf die Wegbereiter der Zurichtung des Menschen, wie I. P. Pawlow oder B. F. Skinner, zurückgeführt werden können. Kinder sind – wie E. v. Braunmühl formulierte – Mindermenschen, denen erst im Erwachsenenalter wieder ein eingeschränkter Menschenstatus zuerkannt wird. Die Entwicklung läuft immer mehr auf ein eindimensional «entwickeltes» Kulturwesen hin, das zwar auf Außenreize in adäquater Weise zu reagieren vermag, zu eigenständiger, kreativer Problemlösung aber nicht mehr imstande ist. In dem auf den Reißbrettern der Kulturingenieure und Zurichtern der Menschen entworfenen Bildungswesen wird an dem einzelnen konsequent all das wegentwickelt, das die Möglichkeit verschaffen könnte, sich auf eigenständige Weise (auf der Basis eigener Ideale, an denen die Wirklichkeit gemessen wird, oder vor dem Hintergrund vielfältigen Wissens, das Distanz zur Gesellschaft schafft) mit Problemen auseinanderzusetzen.

Selbst unübersehbare, für die Gesellschaft dysfunktionale Folgeprobleme (das sinkende Qualifikationsniveau der Schulabsolventen; die schier endlose Quälerei, zu der das Erlernen der kulturellen Grundtechniken verkommen ist), vermögen die Zielrichtung aller Maßnahmen, mit der Situationen in den Schulen verändert werden sollen, nicht zu verändern. Es sind immer die Kinder, die weiter angepaßt und deformiert werden. Es ist auch müßig, auf Reformen zu hoffen, die eine Wende herbeiführen könnten. Denn das jetzige System verleiht allen, die in ihm tätig sind – von der Kulturbürokratie bis zur Kindergärtnerin –, Macht gegenüber Kindern und Eltern. Freiwilligen Machtverzicht einer Bürokratie hat es in der Geschichte bisher nicht gegeben und wird es auch in diesem Fall nicht geben.

Der wahre Charakter unseres Bildungsunwesens wird erst erkennbar, wenn man seine tatsächlichen gesellschaftlichen Primärfunktionen in den Mittelpunkt von Diskussionen und Analysen rückt; das sind die der sozialen Kontrolle. Die immer mehr mißglückenden Bildungsaufgaben gehören zu den Sekundärfunktionen, deren Fehlschläge derzeit noch mehr schlecht als recht im außerschulischen Bereich korrigiert werden. Wenn man Kindergärten, Schulen und Beratungsstellen erst einmal als das betrachtet, was sie wirklich sind – nämlich Instrumente sozialer Kontrolle –, wird der hoffnungslose und illusorische Charakter von systemimmanenten Protesten erkennbar. Es wird sehr schnell deutlich, daß es nur *eine* Form des Widerstandes gibt, die Aussicht auf Erfolg hat, das ist die der Verweigerung. Alle anderen Formen des Widerstandes werden durch staatliche Gegenstrategien marginalisiert, aber auch neutralisiert, kanalisiert und integriert.

Nicht immer muß es in diesem Zusammenhang die elterliche oder kindliche Totalverweigerung sein. Dieser Schritt sollte wohlüberlegt sein. Zwar läßt sich gegenüber der heutigen Schulrealität ein Menschenrecht auf Schulverweigerung begründen, aber vor keinem Gericht in der Bundesrepublik wird zur Zeit noch aus dem Recht-Haben ein Recht-Bekommen folgen. Die Angst vor dem ersten Präzedenzfall, der eine Lawine auslösen könnte, steht dem unumgehbar entgegen. Aber es ist nicht nur so, daß Verweigerer kein Recht bekommen, staatlicher Druck kann langfristig auf wirtschaftlicher und psychischer Ebene für die Betroffenen ruinöse Folgen haben.

Das Spektrum möglicher Verweigerungsstrategien, gegen die die strukturelle Gewalt des Staates nicht in effizienter Weise zu greifen vermag, reicht von einer Herauslösung des individuellen Heranwachsens aus staatlich reglementierten Entwicklungsräumen bis zum Aufbau eines Privatschulsystems, das notfalls auch ohne staatliche Genehmigung betrieben werden kann. Wenn die Eltern sich weigern, ihre Kinder von Geburt an nach Maßgaben der Roten Pädagogik fürsorglich fördern und betreuen zu lassen und den Prozeß des Heranwachsens in die konfliktträchtige Sphäre der Familie zurückverlagern und dort das Kind – wie Alice Miller sagen würde – die Konflikte auch merken kann, entwickeln sich kindliche Persönlichkeitsstrukturen, die sich manipulativen Zugriffen staatlicher sozialer Kontrolle entziehen. Die kindliche Entwicklung wäre ein Prozeß, der der rationalen und technologischen Planbarkeit entrückt wäre. Diese Form der Verweigerung ist allen Eltern zumutbar, die Emanzipation nicht mit Egoismus verwechselt haben. Mehr Durchhaltevermögen erfordert der Aufbau eines freien Schulwesens, denn insbesondere freie Grundschulen werden nirgendwo in der Bundesrepublik bewilligt. Werden sie jedoch ohne Genehmigungen in steigender Anzahl betrieben, reichten auch die differenzierten staatlichen Sanktionsmechanismen nicht aus, diese Entwicklung zu stoppen.

Verweigerung – auch in ihren gemilderten Formen – bewirkt, je mehr sie sich ausbreitet, eine Machteinschränkung des Staates im Bildungswesen. Sie ist damit langfristig auch das wirksamste Mittel, das der derzeit unbeweglichen Zwangsanstalt Schule einen Wandel in Richtung eines lernbefähigenden, auf Kinder ausgerichteten Systems aufzwingen kann. Denn in den Schulen wird man sich dann wieder darauf zurückbesinnen müssen, wie Kinder tatsächlich sind und nicht wie die sozialen Kontrolleure sie gerne hätten.

Aber das ist zur Zeit noch Zukunft. Noch sind allenfalls Ansätze für einen Widerstand von Eltern erkennbar. Die meisten Eltern hoffen immer noch, daß mehr oder weniger zufällig ihr Kind in eine Schule kommt, in der engagierte Schulleiterinnen (Schulleiter haben meist wegen parteipolitischer Verdienste ihr Pöstchen bekommen, bei Frauen war das zumindestens in den siebziger Jahren noch anders), für kindgemäße Lernverhältnisse sorgen. Es gibt auch engagierte Lehrerinnen, die durch ihren persönlichen Einsatz Lernen in einer für Kinder angenehmen Atmosphäre ermöglichen. Aber das sind Ausnahmen. Den meisten Lehrerinnen und Lehrern sind die ihnen anvertrauten Kinder ziemlich gleichgültig. Hauptsache, sie machen keine Probleme und werden nicht lästig! Es wäre schon an der Zeit, daß die Eltern sich dazu durchringen würden, «dieses Spiel nicht mehr mitzuspielen». Warum sie dennoch mitspielen, soll im folgenden untersucht werden.

Vorher wird aber noch durch einige Zitate aus der sogenannten wissenschaftlichen Literatur belegt, daß es sich bei den Thesen zur Schulkrise nicht um Äußerungen eines einzelnen handelt, der persönlich betroffen auf die Schulsituation reagiert, sondern daß die Einschätzung, die Schule sei in einer Krise, nahezu übereinstimmend geteilt wird. Die schulkritische Literatur, aus der

nur einige Auszüge dargestellt werden können, die in ihrer Zielrichtung in etwa repräsentativ sind, wächst. Sie füllt allmählich
die Regale der Bibliotheken. Wenn sich also jemand über den
tatsächlichen Zustand unserer Schulen informieren will, hat er
hierzu die Möglichkeit. Er muß nur wollen. Obwohl vielleicht
anzumerken ist, daß es auch für die Wissenschaften kein Ruh-
mesblatt ist, wenn teilweise dieselben Pädagogen heute die
Schulkrise analysieren, die vor einigen Jahren mit ihren Aktivitäten das heutige Schulelend mitgeschaffen haben.

Aber auch Wissenschaftler hängen ihr Mäntelchen gerne nach
dem Wind, oder anders ausgedrückt: Sie haben keine Distanz
und Freiheit gegenüber dem Zeitgeist. Anstatt diesen zum
Gegenstand ihrer Analyse zu machen, werden sie selbst und die
Richtung ihrer wissenschaftlichen Forschung von Zeitgeistströ-
mungen erfaßt, geprägt und verändert. Ein Themenwechsel zur
Kritik der Ergebnisse der Bildungsreformen, nachdem man
einige Jahre vorher deren Notwendigkeit wissenschaftlich begründet hat, ist nach einer kurzen Schamfrist unter diesen Umständen kein größeres Problem.

Was man den sogenannten Reformern darüber hinaus ankreiden
muß, ist, daß sie offensichtlich noch gar nicht gemerkt haben,
was sie mit ihrem Machbarkeitswahn an den Schulen angerichtet
haben. Denn wenn sie sich zu Wort melden, klingt immer noch
die Überzeugung durch, daß es nicht die Folgeprobleme der Reformen sind, die für das heutige Schulelend verantwortlich sind,
sondern es wurde ihrer Meinung nach nicht konsequent genug
reformiert. Sie möchten die Reformen noch immer weitertrei-
ben. Vielleicht sollte man sie lassen. Das wäre zwar ein Ende mit
Schrecken, aber das ist sicherlich besser als dieser Schrecken
ohne Ende.

1. Die wissenschaftliche Erfassung des Unwesens der Zwangsanstalt

Wenn Eltern sich in ihrer Argumentation mit den Schulbehörden auf die vorab geschilderte Situation berufen, bekommen sie Erstaunliches zu hören. Sicher, man ist bereit einzuräumen, daß nicht alles in Ordnung ist. Aber so schlimm ist es denn doch nicht. Vor allem über konkrete Mißstände diskutieren die Behörden nicht gern.

Es gibt wohl kaum noch einen anderen gesellschaftlichen Bereich, in dem das, was dort tatsächlich geschieht, so konsequent verleugnet und verdrängt wird, wie in unserem Schulsystem. Jedem sind die katastrophalen Bedingungen, unter denen Kinder nicht mehr lernen können, mehr oder weniger bekannt, dennoch wird in der offiziellen Schulwirklichkeitsinterpretation von einem Bild ausgegangen, das eine heile Schulwelt unterstellt. Diese heile Schulwelt, die keinem Kind vorenthalten werden darf, da es sonst kein vollwertiges Mitglied der Massengesellschaft werden kann, dient den Schulbehörden und den Gerichten zur Legitimation, wenn sie auf «aufmüpfige» Eltern und Schüler einschlagen, die sich den Segnungen dieses Schulsystems nicht mehr unterwerfen wollen. Wir haben es hier mit der mehr oder weniger einmaligen Situation zu tun, daß das, was in den Köpfen der Bildungsideologen in den Kultusbürokratien für Wirklichkeit gehalten wird, auch tatsächlich zur offiziellen Wirklichkeit ohne Einschränkungen erklärt worden ist. Dieser Scheinwirklichkeit sollen hier einige Zitate aus der Literatur zur Schulkrise gegenübergestellt werden, die zeigen, daß Anspruch und Realität in unserem Schulsystem zwei Welten sind, die weitgehend unverbunden nebeneinanderstehen.

Die Materialien sind um die Stichworte: Schulkrise, Schulangst und schulkrank sowie die These «Grundrechte verletzende Ausweitung der Rolle des Staates» gruppiert.

Schulkrise

Der Mediziner Kurt Hartung faßt seine Einschätzung der Situation an den Schulen nüchtern wie folgt zusammen: «Schulschwierigkeiten, daraus resultierende Versagenszustände sowie körperliche und psychische Schäden haben in den letzten Jahrzehnten einen Umfang angenommen, der für die Familien, die Gesellschaft und den Staat zu einem ernsten Problem zu werden droht.»[2]

Aus anderer Sicht kommt L. Froese auf einer internationalen Bildungstagung Anfang der achtziger Jahre zu den Schlußfolgerungen: «Lehrern und Schülern wird ‹weisgemacht›, daß es in der Schule um Selbstverwirklichung und Selbstbestimmung gehe, daß sie die grundgesetzlich garantierte ‹freie Entfaltung der Persönlichkeit› wolle und deshalb Freiräume bereitstellen müsse, daß sie die Mitbestimmung praktizieren wolle, weil es um die Erziehung eines ‹mündigen› demokratischen Bürgers gehe etc. pp. Doch beide erleben sehr bald die sogenannten ‹Sachzwänge› des Schulalltags, der lediglich die Kreation einer Karikatur dieser löblichen Vorsätze zuläßt. Mit einem Wort, es geht um die Diskrepanz von Schulverfassung und Schulwirklichkeit, und zwar sowohl prinzipiell als auch konkret.»[3]

Der Schwede Torsten Husén, der wohl renommierteste Kenner der internationalen Schulentwicklung, faßte seine Einschätzung auf derselben Tagung mit den Worten zusammen, daß die Schule sich bereits seit Ende der sechziger Jahre auf Kollisionskurs mit der sie umgebenden Gesellschaft befindet.[4] Wie weit Anspruch und Wirklichkeit in den Schulen auseinanderklaffen, wurde dort auch von Wolfgang Mitter in den Mittelpunkt seiner Ausführungen gestellt: «Was die Umsetzung des ‹klassischen› pädagogischen Glaubens an Selbstverwirklichung und Humanität in die Praxis von Schule und Unterricht betrifft, so scheint die Rechnung sogar am wenigsten zu stimmen. Drogenkonsum, Alkoholismus, Vandalismus und Gewalttätigkeit in Großstadtschulen sowie bestürzende Selbstmordraten unter Schülern markieren

nur die Spitze eines Eisberges, unter dem sich ein riesiger Block verbirgt, der Unzufriedenheit, Opposition und Resignation – bezogen auf die heranwachsende Generation – enthält.»[5]
Hätte man die Entwicklungen im Ausland nur eingehender verfolgt, so gäbe es nach Leschinsky nicht das Erstaunen über die derzeitige Schulkrise: «Wenn man berücksichtigt, zu welchem Zeitpunkt bereits im westlichen Ausland, insbesondere in den USA, Kritik und Unbehagen an der Schule artikuliert wurden, scheint das Phänomen ‹Schulkrise› nicht ganz so neuartig, wie man es gegenwärtig in der Bundesrepublik empfinden mag. In den Jahren, die hierzulande den Höhepunkt einer optimistischen Reformpolitik mit weit gesteckten Zielen bildeten, regten sich anderswo bereits massive Zweifel an den Effekten von aufwendigen Reformanstrengungen und Bildungsexpansion. Nicht nur die Tauglichkeit der Schule als Instrument gesellschaftlicher Veränderungen begann man im Zusammenhang empirischer Forschungsergebnisse in Zweifel zu ziehen, auch die Strukturen der Schulorganisation und unterrichtlichen Arbeit, wie sie sich im Zuge der fortgeschrittenen Veränderungen herausgebildet hatten, gerieten allmählich ins Zwielicht.»[6]
Aber es gab nicht nur den tatsächlichen Problemen angemessene Analysen, sondern auch Deutungen, die zeigten, daß vor allem ehemalige Reformer sich nur schwer aus ihren Denkschablonen zu lösen vermögen. Eine der dümmsten Interpretationen stammt von W. Klafki, als er versucht, die Lernmotivationskrise zu erhellen: «Die *Lernmotivationskrise* in den Schulen gäbe es sicherlich nicht im derzeitigen Ausmaß, wenn es nicht tatsächlich auch in der Bundesrepublik, wenn auch nicht in gleichem Ausmaße wie in Schweden oder in England oder in den USA, in den letzten zwei Jahrzehnten eine starke Vermehrung des Schulbesuchs der 14- bis 19jährigen auf verschiedene Stufen der Sekundarstufe I und II gegeben hätte, also auch im Berufsschulsystem. Damit haben zahlreiche junge Menschen mit einem Sozialisationshintergrund, der sich von dem früherer Generationen und insbesondere traditioneller «Bildungsgeschichten» deutlich

unterscheidet, Bildungschancen erhalten, die über die ihrer Elterngeneration erheblich hinausreichen; jener Sozialisationshintergrund ist jedoch vielen Schulen und vielen Lehrern immer noch fremd und in den meisten unserer Curricula kaum hinreichend berücksichtigt.»[7]

Hätte Klafki sich einmal jenseits seiner Denkhülsen mit den tatsächlich in diesem Zusammenhang existierenden Problemen auseinandergesetzt, wäre ihm sicherlich aufgegangen, daß die Leistungsanforderungen im reformierten Schulsystem eine «optimale» Anpassung an einen Sozialisationshintergrund sind, der in seiner Dürftigkeit und Verarmung wohl kaum einmal in dem Arbeitermilieu existiert hat. Arbeiterkinder hätten in dem reformierten Schulsystem eigentlich Sozialisationsvorteile haben müssen, wenn sie wirklich über eine solch eingeschränkte Grundausstattung in ihrem umweltbedingten Leistungsvermögen verfügten, denn nichts ist in der heutigen Schulwirklichkeit hinderlicher als Kreativität und Phantasie, die ja Mittelschichtenkinder in höherem Maße als Arbeiterkinder besitzen sollen. Das gut abgerichtete, dressierte, anpassungsbereite Arbeiterkind wäre – wenn es es wirklich einmal gegeben hätte – das bestangepaßte Kind für das derzeitige Schulsystem.

Es ist bezeichnend, daß gerade ein Jugendpsychiater als erster auf den Zusammenhang zwischen der Vereinseitigung der Leistungsanforderungen im Unterricht und steigendem Schulversagen verwiesen hat. Diese Berufsgruppe ist auch als erste mit den Folgeproblemen der Bildungsreformen konfrontiert worden: «Die auffallende Zunahme der Einweisungsdiagnose Schulschwierigkeiten in den letzten Jahren, die in den meisten kinderpsychiatrischen Abteilungen, Ambulanzen und Erziehungsberatungsstellen in gleicher Weise beobachtet werden kann, hat ihre Ursache allerdings nicht etwa in einer Zunahme der Zahl der Kinder mit frühkindlicher Hirnschädigung oder Teilleistungsschwächen, sondern in einer sozial bedingten Steigerung der Auslesekriterien und Anforderungen in allen Schultypen. Hier spielt besonders die Betonung einseitig verbal-auditiver

Leistungsanforderungen und desselben Auslesekriteriums eine besondere Rolle, denen gerade Kinder mit entsprechenden Teilleitungsstörungen trotz guter Intelligenz nicht gewachsen sind. Es sind also hier die veränderten sozialen und gesellschaftlichen Bedingungen, die eine immer schon bestehende unterschiedliche Begabungsstruktur und eine unterschiedliche Belastungstoleranz der Kinder offenbar werden lassen. Nach allgemeinen Schätzungen darf man davon ausgehen, daß etwa 15 bis 20 % aller Schulkinder von der Diskrepanz zwischen individueller Begabungsstruktur und einseitiger Anforderung betroffen sind.»[8]

Die Liste der angemessenen (aber auch weniger angemessenen) Zitate ließe sich beliebig verlängern. Übereinstimmend kann festgehalten werden, daß in der «wissenschaftlichen» Literatur zur derzeitigen Schulsituation keine Studie zu finden ist, die nicht in irgendeiner Weise eine Schulkrise konstatiert. Zwar sind die Meinungen über die Ursachen und die Wege zur Behebung der Krise strittig, nicht strittig ist aber, daß die Krise existiert. Da auch in den Kulturbürokratien gelegentlich Bücher gelesen werden, ist von einem erstaunlichen Verleugnungsvermögen auszugehen, mit dem die offizielle heile Schulwelt aufrechterhalten wird.

Schulangst – schulkrank

Neben der allgemeinen Schulkritik meldeten sich nahezu zur selben Zeit Vertreter einer speziellen Form der Kritik, die die Themen Schulangst und schulkrank in den Mittelpunkt rückte. Dr. W. Becker, Ehrenvorsitzender der Aktion Jugendschutz und Ehrenpräsident des Deutschen Kinderschutzbundes, faßt diese Position in einem Vorwort zu dem Buch «Kinder im Schulstreß» wie folgt zusammen:

«Biologische Leistungsvoraussetzungen des Kindes werden mißachtet. Es fehlt fast überall die notwendige tägliche Schulstunde für Leibesübungen und Spiel. Wird jede Stunde durch aktive Bewegungspausen eingeleitet oder beendet?

Der «Arbeitsplatz Schule» ist weder genügend ausgestattet noch hinreichend erforscht, auch in Blick auf seine Pathogenität.

Die gestörten Kinder, die durch broken-home-Situation benachteiligten, umweltgefährdeten und psychisch schon im Ursprung benachteiligten Kinder, erfahren in der Schule nicht die notwendigen zwischenmenschlichen Hilfen; sie werden kaum erkannt oder abgeschoben.

Sicher liegen die Ursachen der Streßgefährdung nicht allein in der Schule, sondern auch in der unsicher gewordenen Familie, die den Leistungsdruck oft verstärkt; in der sozial-kulturellen Umwelt und in der durch die technische Entwicklung geprägten Gesellschaft. Immer häufiger suchen Eltern wegen sogenannter Schulschwierigkeiten den Kinderarzt auf. Mit Recht wird in der Sozialpädiatrie die Ansicht vertreten, daß die Schule Risikofaktoren schafft oder verstärkt.»[9]

Eine generelle Schulunlust als innere Abwehr von Kindern und Jugendlichen gegen die Schule wurde als Hauptursache von Schulangst konstatiert.[10] Fast zur selben Zeit stellte der Jugendpsychiater R. Lempp einen Anstieg der Kinder und Jugendlichen, die wegen Schulschwierigkeiten in Jugendpsychiatrien eingewiesen wurden, von über 40 Prozent in dem Zeitraum von 1960 bis 1978 fest.[11] Der Schülerselbstmord wegen Schulproblemen, gelegentlich auch in den Tageszeitungen auftauchend, rückte immer mehr in den Vordergrund. An der Universitätsklinik für Neuropsychiatrie des Kinder- und Jugendalters in Wien wurden drei Jahre lang alle Daten über versuchte Kinder- und Jugendselbstmorde ausgewertet. Bei 35 der 50 Fälle führten Schulprobleme zum Selbstmordversuch.[12]

G. Biermann kommt angesichts der wachsenden Zahl schulkranker Kinder zu dem Schluß: «Die Behandlung, wichtiger noch Vorbeugung der Schulkrankheit ist Psychohygiene im besten Sinne des Wortes. Sie muß mit Reformen seitens der Schulbehörden, der Kulturministerien einsetzen, um mit dem Abbau eines sinnentleerten Leistungsstreß den schulischen Rahmen für alle dort Tätigen wieder menschlicher zu gestalten.»[13]

Den Zusammenhang zwischen Schulreformen und wachsender Schulkrankheit der Kinder stellt Franz Xaver Förg in den Mittelpunkt seiner Analyse:

«In der Öffentlichkeit gibt es die Schulstreßdebatte. Eltern und Ärzte rebellieren gegen die Staatsschulen, dem oft gnadenlosen Partner der Kinder und Familien.

Je pluraler sich die Gesellschaft gibt, um so uniformer will sie die Schule. Je individueller das Kind behandelt werden soll, desto stärker wird der Druck, kollektiv zu messen, um zur Sicherung der Chancengerechtigkeit vergleichbare Leistungen zu haben. Je mehr Einfluß dirigistischer Art gegenüber der Schule durchgesetzt wird, um so kompliziertere Schulordnungen werden erlassen, die zur starren Verrechtlichung des Schulbereiches führen. Die Betonung der Kooperation führt lediglich zur Fixierung rechtlicher Positionen. Forderungen nach mehr Demokratie und Emanzipation in der Schule führen zu mehr Unordnung und Zügellosigkeit. Es will nicht glücken, und das Mißtrauen wächst. Das, was der Erwachsene selbst nicht kann, projiziert er zur eigenen Entlastung in die Kinder.

In der Schule wirken sich die Einflüsse der Computer-Pädagogik aus: schulunwillige und schulkranke Kinder, wachsende Autoritäts- und Disziplinierungsprobleme, überformalisierte Didaktik mit laufenden Lernschrittkontrollen, mechanisierte Notengebung, Zeit- und Stoffdruck, Überproduktion von operationalen Lehrstoffverteilungsplänen, Einengung kreativer Didaktik und personaler Pädagogik, Fehlanzeige für anwendbare Psychologie im Schulalltag.»[14]

Interessant ist, was R. Lempp hierzu anzumerken hat: «Anfang der 6oer Jahre gab es eine typische Schulphobie bei uns in der Kinder- und Jugendpsychiatrie fast kaum. Wir kannten damals als Kinder- und Jugendpsychiater lediglich Veröffentlichungen zum Thema Schulphobie vorwiegend aus Amerika und hielten diese Störung für eine offenbar typisch amerikanische und uns kaum betreffende Besonderheit. Ich erinnere mich, mir seinerzeit als Erklärung für dieses Phänomen zurechtgelegt zu haben, daß man in Amerika, wo man diese Schüler sofort aus der Schule herausnahm und einer Psychotherapie zuführte, die Schule nicht mehr als ganz selbstverständlich und gar nicht zur Disposition stehende Einrichtung ansah, wie bei uns, und daß sich dann wohl die neurotischen Jugendlichen dieser Gelegenheit bedienten.»[15]

Nun ist jedoch die Angst vor der Schule und eine daraus herrührende Lernunfähigkeit der Kinder auch bei uns zu einem selbstverständlichen Phänomen geworden.

Wie wird von den Verantwortlichen auf diese Entwicklungen reagiert? Das psychiatrische und psychologische Dienstleistungsangebot für schulkranke Kinder wird erweitert und differenziert. Es werden immer mehr und speziellere Sonderschulen geschaffen. Jedes schulkranke Kind hat in unserem fürsorglichen Sozialstaat offensichtlich ein Recht darauf, daß es «optimal» betreut und sein Fall rational verwaltet wird. Aber daß Schulkrankheit durch kindgemäßen Unterricht und kindgeeignete Schulen vermieden werden kann, scheint in diesem Zusammenhang für die Verantwortlichen von geringerem Interesse zu sein.

Grundrechte verletzende Rolle staatlicher Ausweitung

Die Rolle des Staates in Schule und Bildung wird in der Literatur unter den Gesichtspunkten zweier Tendenzen behandelt: 1. wird der Staat als Ermöglicher von Schulbildung gesehen, 2. gilt der Staat als oberster Erzieher. Johannes Flügge faßt die Entwicklung unter Berücksichtigung beider Tendenzen wie folgt zusammen: «Die letztere Tendenz hat sich kontinuierlich verstärkt. Sie hat kulminiert in der Zeit der Diktatur der Hitler-Partei, die ohne Einschränkung als oberste nationale Erziehungsinstanz auftrat und die Schulen als Instrument der politischen Führung in Anspruch nahm. Die nachfolgende demokratische Staatsform hat die Auffassung der Schule als Instrument politischer Führung nicht ausgeräumt, sondern sich vorbehalten, von diesem Instrument notfalls oder bei Gelegenheit Gebrauch zu machen, in anderer Weise freilich als der vorangehende totalitäre Staat. Auch unser Staat meint auf die Chancen politischer Führung durch das Instrument Schule, die ihm die Epoche des Absolutismus hinterlassen hat, nicht verzichten zu können. Er weiß sich zugleich verpflichtet, den Ansprüchen, die sich als gesellschaftliche Interessen deklarieren, offener zu sein als die Weimarer Republik. Währenddessen treten Ansprüche an die Institution Schule, Versuche, sie bestimmten Tendenzen dienstbar zu machen, unter neuen und oft ihre Intentionen verhüllenden Namen auf.»[16]

Diese Ausweitung der Rolle des Staates führt nach Flügge zu einer grundgesetzwidrigen Ausgestaltung des Staates im Bildungswesen. Sie unterdrückt private Initiativen und andere, nichtstaatliche Möglichkeiten der Organisation von Lernprozessen und hebt Elternrechte faktisch auf: «Bedenklich, ja gefährlich ist es, daß von seiten der sogenannten Bildungsforschung meines Wissens keine Untersuchungen vorgenommen werden, die z. B. der öffentlichen Bedeutung schöpferischer, von Individuen oder kleinen Gruppen verantworteter Lernorganisationen gewidmet sind, keine Untersuchungen z. B. über die Langzeiteffektivität von Verhaltensweisen, die Resultate von engmaschigen Lernschrittsequenzen sind. Das Interesse zielt in andere Richtung. So auch in der Planung, wo wenig Interesse sich zeigt, freien Bürgerinitiativen im Bildungswesen Achtung und Schutz durch die staatliche Gewalt zu gewährleisten, wenig Interesse also für die Planung von Freiheit, die höchste Aufgabe der Planung im sozialen Bereich. Der Strukturplan berücksichtigt wohl die zahlreichen Schulen, Kindergärten, Ausbildungsgänge usw. mit freier Trägerschaft. Aber seine totalitäre Tendenz geht unzweideutig aus einem Satz hervor, der sich liest wie ein Vorschlag zur Neufassung des Art. 7 GG: ‹Das gesamte Schulwesen steht unter der Aufsicht des Staates.› Dagegen der Strukturplan: ‹Die Verantwortung für das gesamte Bildungswesen liegt beim Staat und wird durch Regierung und Parlament ausgeübt› (261).

Statt ‹das gesamte Schulwesen› liest man hier: ‹das gesamte Bildungswesen›, und statt ‹Aufsicht des Staates›, die ja z. B. gegenüber einer Privatschule auf Erfüllung gewisser Voraussetzungen dringt, aber keineswegs die Verantwortung für die innere schulische Arbeit einschließt, heißt es jetzt ‹die Verantwortung›. Damit wird eine grundgesetzwidrige Rolle des Staates gegenüber dem gesamten Bildungswesen angestrebt.»[17]

In diesem Zusammenhang ist ein Punkt besonders von Interesse, den Flügge hier angesprochen hat. Es gibt in der Tat *keine* Untersuchungen in der Bundesrepublik über die Möglichkeiten und Probleme von Einzelunterricht. *Einzelunterricht* und *Hausunterricht* – Möglichkeiten, die, bis sie von den Machthabern des sogenannten Dritten Reiches abgeschafft wurden, zum selbstverständlichen Schulalltag gehörten, auch wenn Schulpflicht bestand – scheinen die Bildungspolitiker zu fürchten wie der Teufel das Weihwasser. Sie verweisen in diesem Zusammenhang immer wieder darauf, daß Einzelunterricht einem Kind schade, da es dadurch nicht in hinreichender Weise für das Leben in der Gesellschaft vorbereitet werde. Dieses Argument ist durch keine wissenschaftliche Untersuchung belegt und belegbar. Sein Hintergrund ist vielmehr eine Ideologie, nach der das Recht auf eine individuelle Entwicklung deutlich niedriger eingestuft wird als das staatliche Interesse an einem nivellierten Sozialverhalten.

Stefan Blankertz, der sich mit der in diesem Zusammenhang auftretenden Frage nach dem «Erlernen» richtigen Sozialverhaltens auf international vergleichender Ebene auseinandersetzt, kommt zu folgendem Schluß: «Wenn die gesellschaftliche Situation Orientierungskompetenz ‹verlangt›, ist die Frage, warum die jungen Menschen oder deren Eltern sie nicht von sich aus anstreben sollten und könnten, sondern dazu gezwungen werden müssen. Die Entstehung des englischen Arbeiterschulwesens im 19. Jahrhundert, das völlig ohne Staat auskam, legt nahe, daß es nicht des Staates bedarf, um Orientierungsvermögen durchzusetzen, vielmehr um es repressiv zu unterlaufen.»[18]

In Ergänzung hierzu führt er an späterer Stelle aus: «Ob in der Erziehung ein mehr gemeinschaftliches oder ein mehr individualistisches Ideal zugrunde liegt, muß Sache der Entscheidung von Eltern, Kindern und Lehrern bleiben.»[19] Es sind also Wertentscheidungen, die nicht mehr in die angemaßte Erziehungskompetenz des Staates fallen.

Aber noch in einem anderen Bereich führt die Selbsterhebung des Staates zum obersten Erzieher zu einer massiven Verletzung von Elternrechten in der Bundesrepublik. *Freie Privatschulen* werden in der Bundesrepublik so gut wie gar nicht von den Schulbehörden bewilligt. Insbesondere im Grundschulbereich werden Initiativen von Eltern zur Gründung von Schulen massiv unterdrückt. Hier behält sich der Staat das «Recht» vor, seinen Machtanspruch und sein Interesse an einem nivellierten Sozialverhalten mit allen Mitteln aufrechtzuerhalten.

Der amerikanische Schulkritiker Paul Goodman hat bereits 1962 zur Entwicklung in den Vereinigten Staaten (die der in der Bundesrepublik um ca. 25 Jahre voraus war) konstatiert, daß ein Wandlungsprozeß an den Schulen von einer selbstverwalteten Gemeinschaft zur Maschinerie zu beobachten ist. Diese Maschinerie bringt nur noch konforme Rollenspieler, aber keine freien Menschen hervor. Hinzufügen sollte man noch, daß es sich um neurosengefährdete, konforme Rollenspieler handelt, die ohne fürsorgliche staatliche Betreuung nur noch bedingt fähig sind, ihr Leben zu gestalten.

Die Schule bringt in wachsendem Maße nicht nur Schulversager, sondern Lebensversager hervor: «Tatsächlich gewinnt der Kinder- und Jugendpsychiater in der Sprechstunde den Eindruck, daß sich das Bild des Schülers oder der Schülerin, die mit der Schule Probleme haben, allmählich wandle. Standen früher reine Schulversagenszustände im Vordergrund, so treten Verhaltensauffälligkeiten in der Schule oder im Zusammenhang mit Schulleistungsproblemen mehr und mehr an die Seite der reinen Versagenszustände, und war früher der Schulprotest, die Erziehungsschwierigkeit, die Aggressivität und das störende Verhalten das übliche Bild beim Schulversager, so scheint dieses heute gegenüber der Angst, vor allem gegenüber der Depression, dem Rückzug und der Resignation in den Hintergrund zu treten ... Die Schule bringt offenbar mit ihrem System in zunehmendem Maße nicht nur Schulversager, sondern auch Lebensversager hervor, sie macht einen zunehmenden Anteil der Kinder nicht, wie es ihrer Aufgabe entsprechen müßte, lebenstüchtiger, sondern lebensuntüchtiger.»[20]

Schulpflicht ist unter diesen Bedingungen als verfassungswidrig zu bezeichnen.

2. Warum ändert sich nichts?

Unser Schulsystem ist nicht nur schlecht, sondern es macht Kinder krank. Der Beruf des Lehrers ist in Mißkredit geraten. Kaum jemand ist noch gerne Lehrer, kaum jemand hat übermäßige Sympathien für Lehrer. In den Schulen können die Lehrer nichts mit den Schülern und die Schüler nichts mit den Lehrern anfangen. Man sollte meinen, daß unter diesen Umständen die neue deutsche Bildungskatastrophe ein die Medien beherrschendes Thema sei. Denn Schule und Bildung haben in Deutschland einen traditionell hohen und besonderen Stellenwert in der kulturellen Werteskala eingenommen. Sicher greifen die Medien gelegentlich in kritischer Weise die heutige Bildungsmisere auf, aber diese Sendungen oder Beiträge ziehen kaum öffentliche Diskussionen nach sich. Die Bildungsprobleme gehören zu den Phänomenen, die jeder kennt und die auch im privaten Kreis engagiert diskutiert werden. Aber öffentlich will sich niemand hierzu äußern. In der Öffentlichkeit akzeptiert man weitgehend die von den Kulturbürokraten propagierte heile Schulwelt. Allenfalls auf Nebenkriegsschauplätzen (Gesamtschuldiskussion) ist man bereit, sich zu engagieren. Dort entlädt sich dann die angestaute Frustration, und es kommt zu emotionalen Glaubenskriegen.

Eltern sind heute nahezu alle Kritiker des Schulsystems. Sie sind aber auch nahezu alle Komplizen dieses Systems. Kritiker sind sie, weil sie ihre Kinder lieben. Komplizen sind sie, weil sie immer noch typische preußisch-deutsche Staatsbürger sind.

Lenin, der ansonsten nicht zu den geistigen Ahnen gehört, auf die diese Studie aufbaut, hat einmal etwas sehr Treffendes über den deutschen Nationalcharakter gesagt. Er karikierte ihn mit der Feststellung, daß die Deutschen – wenn sie einmal die Revolution machen sollten – vor der Erstürmung des Bahnhofs eine Bahnsteigkarte lösen würden. Heute benötigt man keine Bahnsteigkarte mehr, aber die Ordnung bliebe im Sinne der Obrigkeit sicherlich auch heute noch bei der Erstürmung des Bahnhofs gewahrt. Dieses Obrigkeitsdenken als auch heute noch typischer gesamtdeutscher Charakterbestandteil ist als Resultat einer Erziehung anzusehen, die kompromißlos darauf ausgerichtet ist, jeden Heranwachsenden dazu zu bringen, sich mit dem Bestehenden, auch wenn es noch so unangenehm ist, zu arrangieren. Der Erziehungsprozeß in Deutschland ist beendet, wenn der einzelne so sozialisiert ist, daß er jederzeit bereit ist, sich so zu verhalten, wie es die Obrigkeit von ihm erwartet.

Carl-Heinz Mallet hat dies wie folgt zusammengefaßt: «Sie (Pädagogik und Erziehung) hat uns in der Tat zu Sklaven der jeweils obwaltenden öffentlichen Meinung und zu braven Untertanen gemacht. Ehrfürchtig haben wir uns vor dem Kaiser von Gottes Gnaden gebeugt und sind für ihn begeistert in den Krieg gezogen. Wir haben den Arm zum Deutschen Gruß gehoben und unser Leben für Führer, Volk und Vaterland eingesetzt. Heute sind wir gute Demokraten – so, wie die jetzigen Obrigkeiten und die herrschende Meinung es wünschen.»[21]

Ergänzend kann man hinzufügen: Wir zwingen unsere Kinder, in Schulen zu gehen, von denen wir wissen, daß sie krank machen. Stimmen die «Leistungen» nicht mit den Erwartungen überein, zwingen wir den Kindern Nachhilfeunterricht auf, schicken sie in Paukstudios, nur damit sie die Leistungsnachweise erbringen, die den öffentlichen Standards einer angeblichen Leistungsgesellschaft entsprechen. Eltern, die sich selbst für emanzipiert und aufgeklärt halten, die sich mit den Problemen der Kindererziehung auseinandergesetzt haben und die selbst ihre Kinder beispielsweise niemals schlagen würden, vergessen alles, wenn Schulprobleme drohen. Da in dem heutigen Schulsystem nahezu allen Kindern Schulprobleme drohen, sind auch alle Eltern gemeint. Selbst wenn sie wissen, daß sie damit die Persönlichkeit ihres Kindes zerstören, wird das Kind nachmittags unbarmherzig trainiert, um auch für die unsinnigsten Anforderungen in der Schule fit zu sein. Angst vor der Zukunft, Angst vor den Nachbarn und die diffuse Angst, nicht so zu sein, wie man eigentlich sein sollte, lassen Eltern zu Verfolgern ihrer eigenen Kinder werden. Daß man sich auch gegen die Obrigkeit wenden und dieser ein besseres Schulsystem abzwingen könnte, ist eine Alternative, die man allenfalls im privaten Kreis einmal erwägt. Aber auch die Möglichkeit, die Mitarbeit zur Abrichtung der eigenen Kinder aufzukündigen und den Staat mit seinem Kinder deformierenden Schulsystem und dessen Problemen alleinzulassen, wird nicht ernsthaft erwogen. Man könnte ja bei den anderen in Mißkredit geraten. Was sich hinter diesem Phänomen verbirgt, sei im folgenden ein wenig erhellt.

Es ist zur Zeit von einer privaten Bewußtseinshaltung der Bundesbürger auszugehen, in der das Schulsystem auf massive Ablehnung stößt. Daneben existiert eine für das Verhalten in der Öffentlichkeit ebenso relevante Bewußtseinshaltung, die es dem einzelnen ermöglicht, sich mit dem Schulsystem zu arrangieren. Das private und öffentliche Bewußtsein stehen weitgehend unverbunden nebeneinander. Gäbe es dieses aus Verleugnungen und Verdrängungen gespeiste Nebeneinander nicht, wäre die derzeitige Schul- und Bildungspolitik nicht haltbar. Diese Bewußtseinsspaltung bedarf noch einer eingehenden Klärung.

Die private Ablehnung ist eine ganz normale Verarbeitung negativer Erfahrung. Aber warum schlägt der private Ärger nicht in öffentlichen Zorn um? Sicherlich spielt hier die für Massengesellschaften typische Apathie mit (man kann ja doch nichts ändern), die sich in einem ohnmächtigen Resignieren äußert.

Der Resignation folgt in der Regel die Scham. Denn Eltern erfahren die Qualität dieses Schulsystems über die schlechten Schulleistungen ihres Kindes, das den Anforderungen nicht genügt, andere schaffen es jedoch. Das ist eine ambivalente Erfahrung. Einerseits wissen sie, daß vom Begabungsniveau her ihr Kind zu wesentlich besseren Leistungen fähig ist, andererseits haftet schlechten Schulleistungen ein Makel an, dessen man sich zu schämen hat. Bereits in der ersten Auseinandersetzung mit den schlechten Schulleistungen wird der Grund dafür gelegt, daß es später zu einer Spaltung in ein privates und ein öffentliches Bewußtsein kommt. Reagieren die Eltern mit Zorn auf das, was ihrem Kind widerfährt, unterbleibt die Spaltung. Die Eltern werden Zorn gegen das Schulsystem auch öffentlich vertreten und ihr Kind offensiv verteidigen.

Nicht nur privater, sondern auch öffentlicher Zorn wird jedoch die Ausnahme bleiben. Eltern haben in ihrem eigenen Prozeß des Heranwachsens gelernt, wenn ihnen das auch nie bewußt wird, sich mit ihren (Eltern-)Peinigern zu arrangieren. Es ist Teil ihrer eigenen Persönlichkeits- und Charakterstrukturen geworden, Kränkungen und Demütigungen auch etwas Positives abzugewinnen. Resignation und Idealisierung des Unmenschlichen, das Untertanentum, prägen das Verhalten. Etwas vereinfacht geschieht das nach dem Motto: Man kann ja doch nichts ändern, und vielleicht hat es ja auch was Gutes.

Wenn diese Reaktion, die die unterste Stufe des sich Arrangierens mit den Peinigern und des Idealisierens derselben ausmacht, sich durchsetzt, wird Scham anstelle von Zorn im öffentlichen Bewußtsein das weitere Verhalten steuern. Scham darüber, daß das Kind den Anforderungen nicht genügt, so wie man selbst in der eigenen Kindheit nicht so war, wie es von einem erwartet worden war.

In dieser Situation wäre es an der Zeit, daß die Eltern sich uneingeschränkt mit ihrem Kind – so wie es ist – identifizieren und sich über die aufsteigende Scham, über das vermeintliche Versagen hinwegsetzen. Damit würden sie sich selbst aus dem ewigen Kreislauf der Erziehung mit seinen endlosen Verfolgungen des Lebendigen befreien. Zorn statt Scham, nur so könnten Eltern ihren Kindern helfen. Aber hierzu kommt es kaum einmal. Die Gründe bzw. Ursachen dafür sind banal. Die Banalität des Verrats läuft immer nach dem gleichen Muster ab. Denn schließlich verraten alle, die für die eigene gesellschaftliche Orientierung in diesem Leben aus zweiter Hand wichtig sind, ihre Kinder. Sich auf die Seite der eigenen Kinder zu stellen hieße, mit den Zeitgenossen nicht mehr in Übereinstimmung zu stehen. Die eigene ausgeprägte Empfangs- und Folgebereitschaft, die man für die Handlungen und Wünsche der anderen aufgebracht und die die eigene Integration bisher garantiert hat, sorgt auch hier für Verhaltenskonformität. Solange alle anderen ihre Kinder verraten, wird man selbstverständlich auch die eigenen Kinder verraten. Ändern sich die Verhältnisse, wird man sich sofort anpassen und engagiert für die eigenen Kinder streiten. Derzeit muß jedoch die Schulwirklichkeit zumindestens in der Öffentlichkeit verleugnet werden, und die eventuell aufsteigenden Aggressionen gegen dieses Bildungsunwesen werden verdrängt und auf die eigenen Kinder – die «Versager» – projiziert.

Solange Eltern ihre eigenen «Brutpflegeinstinkte» soweit verleugnen und verdrängen, daß aus Verteidigungs- Verfolgungsreaktionen werden, gerät dieses Schulsystem nicht unter Anpassungsdruck. Sondern die Verfolgung der Kinder aus pädagogischen Gründen garantiert deren Anpassung. Wenn hier etwas anders werden soll, müssen Eltern lernen, daß Mitempfinden keine Schwäche ist, sondern eine normale menschliche Reaktion, die über mehrere hunderttausend Jahre stammesgeschichtlicher menschlicher Entwicklung erworben ist. Der Gegenpol des Mitempfindens – die Härte (uns hat das auch nichts geschadet, da muß er jetzt durch etc.) – dagegen ist ein Resultat der Deformierung menschlicher Reaktionen und Gefühle.

Mitempfinden setzt aber auch voraus, daß Eltern die Welt nicht mehr ausschließlich unter dem Blickwinkel der eigenen Rechte sehen. Das scheint gerade im Zeitalter der Emanzipation, der Selbstverwirklichung (was immer man darunter verstehen mag) ein Problem zu sein. Denn erkennt man nicht nur die eigenen Rechte an, sondern auch die der Kinder auf ein *eigenes* Leben, sieht man relativ schnell, daß man nicht nur Rechte, sondern auch Verpflichtungen hat. Diese Verpflichtungen gegenüber den eigenen Kindern führen Frau und Mann dazu, daß sie Trauer empfinden, wenn ihre Kinder im Namen staatsfürsorglicher Betreuung deformiert werden. Dem aufsteigenden Bedürfnis, die Trauer zu verdrängen, können sie, wenn sie ihre Verpflichtung ernstnehmen, nicht nachkommen, sondern sie müssen als Vertreter ihrer Kinder deren Rechte verteidigen. Das kann ganz schön lästig werden.

In diese Situation stößt der Staat mit seinen vielen Abschiebemöglichkeiten für Kinder (vom Kinderhort bis zur Ganztagsschule). Wenn die Kinder dort aufbewahrt werden, stören sie die «Selbstverwirklichung» der Eltern nicht, und der Anpassungsprozeß zum systemgerechten Schulkind kann sich vollziehen, ohne daß die Eltern die Leiden ihres Kindes unmittelbar erfahren. Hier ergänzen sich das Streben des Staates nach Kontrolle über Erziehungs- und Bildungsprozeß und das, was vielfach für ein Recht auf Emanzipation und Selbstverwirklichung gehalten wird, zu einem systemstabilisierenden Zusammenhang.

Was damit gesagt werden soll, ist, daß vieles, das selbstverständlichen Charakter hat, auf das man glaubt ein Recht zu haben, gerade das befestigt und stabilisiert, das man eigentlich ablehnt. Wollen Eltern also Ursachenforschung betreiben, warum dieses Schulsystem sich nicht ändert, so sollten sie sicherlich sich mit den offiziellen und privaten Verdrängungs- und Verleugnungsstrategien auseinandersetzen. (Ersteres ist nicht schwer, da die ideologische Borniertheit, mit der das Schulsystem durch Politiker gerechtfertigt wird, nun wirklich nicht zu übersehen ist; letzteres ist schon schwierig, da man eventuell selber hier hineinverwickelt ist.) In einem zweiten Schritt sollten die eigenen Selbstverständlichkeiten des Alltagshandelns jedoch unter die Lupe genommen werden, damit diese nicht mehr das stützen, was man eigentlich abgeschafft haben möchte.

Wenn die Eltern nun selbstkritisch mit sich zu Rate gegangen sind, ihre Gefühle für ihre Kinder nicht mehr verdrängen und bereit sind, Widerstand gegen dieses Schulsystem zu leisten, dann werden sie allerdings die Erfahrung machen, daß sie oft sehr schnell alleinstehen. Es gibt zwar sehr viele Sympathisanten, aber die ziehen es vor, den Widerstand lieber in Gedanken als mit Taten zu unterstützen. Das ist auf eine typisch deutsche Eigenart zurückzuführen. Die Deutschen liefern die Philosophen der Aufklärung, des Widerstands, auch der Revolution. Aber sie bleiben Theoretiker des Widerstands, als Praktiker sind sie in erster Linie Untertanen. «Systemkritik» wird in Deutschland vorrangig von verbeamteten Hochschullehrern betrieben. Damit kann das System ganz gut leben. Auch das derzeitige Schulsystem profitiert von der Kathederschulkritik, die zwar vehement für eine humanere Schule kämpft, aber nie so weit geht, daß die Verleihung des Bundesverdienstkreuzes an den Kritiker dadurch gefährdet wird.

Wenn sich in diesem Schulsystem wieder etwas zum Positiven ändern soll, dann müssen einzelne Eltern mit ihrem Widerstand für andere beispielhaft und bewußtseinsverändernd wirken. Staatlichen Repressalien können sie nur die Macht des Bürgers gegenüber dem Staat – die Unbeugsamkeit – entgegensetzen. Mit Unbeugsamkeit weiß der Staat relativ wenig anzufangen, er macht Fehler und verfällt in Hektik, bis er irgendwann aufgibt. Die Eltern können sich dabei auf das Menschenrecht ihres Kindes, sein eigenes – nicht das vom Staat gewollte – Leben zu führen, berufen. Da sie dieses Menschenrecht zur Zeit in der Bundesrepublik nicht einklagen können – hier wäre erst ein grundlegender Wandel im Rechtssystem erforderlich, das ist aber Thema des nächsten Kapitels –, haben sie ein Recht auf Widerstand, das dem staatlichen Einheitsschulsystem einen Wandel aufzwingt.

Der Strafrechtler Joachim Hellmer schreibt zum Thema Widerstandsrecht: «Die Demokratie ... lebt von der abweichenden Auffassung. Erst wenn es Gegenstimmen gibt, gibt es Innovationen, und man kann von Demokratie sprechen. Die Demokratie ist – im Gegensatz zur Diktatur – nicht starr auf eine bestimmte Weltanschauung festgelegt, sondern der schöpferischen Kraft und Phantasie des Einzelnen anheimgegeben, der seine Auffassung vom gesellschaftlichen Leben und vom notwendigen Inhalt der Gesetze auch außergerichtlich durch sein persönliches Handeln – natürlich ohne die Verletzung der Grundrechte anderer – bewegen kann. Er kann deshalb nicht zum Gehorsam gezwungen werden, sein Gewissen geht im Rahmen der Verfassung den Weisungen der Exekutive vor, vorausgesetzt – das soll noch einmal betont werden –, er verletzt dadurch nicht die Grundrechte anderer und die tragenden Stützen der Verfassung, die ihm diese Freiheit des Gewissens garantiert.»[22]

Schulpflicht und Menschenrechtsreklame in der Bundesrepublik

Wenn man den Massenmedien in der Bundesrepublik glauben könnte, sind die Politiker aller akzeptablen Parteien (ohne die vom rechten und linken Flügel) engagierte Verfechter von Menschenrechten. Sie reklamieren ständig Menschenrechtsverletzungen. Je nach politischem Standort die einen in der UdSSR, die anderen in Chile und wieder andere in Südafrika beispielsweise. In der Bundesrepublik sehen die aufrechten Kämpfer für Menschenrechte keinen Anlaß, deren Verletzungen zu beklagen. Das liegt sicherlich in erster Linie daran, daß die Menschenrechtsreklame – so faßte Joachim Hellmer[23] die Aktivitäten hierzu zusammen – von Leuten betrieben wird, die überhaupt nicht wissen, was in den Menschenrechtskonventionen und -pakten steht. Denn hätten sie sich einmal der Aufgabe unterzogen, die nun wirklich nicht umfangreichen Texte durchzulesen, wäre ihnen sicherlich aufgefallen, daß die gesamte Bildungs- und Schulpolitik in der Bundesrepublik in massiver Weise gegen Menschenrechte verstößt. Aber es ist leider so, wie J. Hellmer resignierend zusammenfaßte, daß die Menschenrechtspropaganda bisher leider überhaupt kein Ausdruck ethischer Grundsätze ist.

Schulpflicht wurde in Deutschland eingeführt, um *allen* Kindern eine breite und umfassende Bildung zukommen zu lassen. Damit wird sie zumindest teilweise auch heute noch legitimiert. Das Recht auf Bildung ist ein Menschenrecht (Artikel 26, Allgemeine Erklärung der Menschenrechte, verkündet am 10.12. 1948), und damit ist in der Bundesrepublik ein unmittelbar wirkender Rechtsschutz hieraus abzuleiten. Es ist das Recht, sich seinen tatsächlichen Anlagen und Begabungen gemäß entfalten und entwickeln zu können. Dieses Menschenrecht von Kindern mußte anfänglich gegen wirtschaftliche Interessen von Eltern und Unternehmern, denen hiermit billige und geschickte Arbeitskräfte vorübergehend entzogen werden konnten, durch Gesetzeszwang durchgesetzt werden. Es war ohne Zweifel ein höheres Rechtsgut als das Elternrecht auf wirtschaftliche Ausbeutung der eigenen Kinder.

Verfolgt man heute die Diskussion zu diesem Problem, die Rechtssprechung hierzu und das Verhalten der Schulbehörden, so scheint sich in diesem Zusammenhang noch nichts grundlegend geändert zu haben. Verwirklicht Schulpflicht wirklich noch ein Menschenrecht von Kindern? Das wird doch wohl ernsthaft allenfalls noch in den Kulturbürokratien behauptet. Denn aus den Bildungsreformen ist eine Schulrealität hervorgegangen, die für einen wachsenden Teil der Kinder gerade das Gegenteil von dem bedeutet, das einmal Motiv für ihre Einführung war. Sie verbaut Entwicklungsmöglichkeiten von Kindern, die nicht etwa behindert sind, sondern von ihrem Lern- oder Persönlichkeitstyp nicht in das reformierte Einheitsschulsystem hineinpassen.

Inwieweit stimmt die in der Bundesrepublik praktizierte Schulpflicht noch mit den Menschenrechten überein? Diese Frage wird in der Rechtsprechung ausgeklammert oder ignoriert. Hierfür kann es allenfalls politische Gründe geben, denn gerade im Bereich Erziehung und Bildung geben die Menschenrechte Eltern und Kindern weitgehend Schutz vor staatlichen Machtansprüchen.

Menschenrechte – so lautet in der Regel die lexikalische Definition – sind die angeborenen, unveräußerlichen und unantastbaren Rechte und Freiheiten des einzelnen gegenüber staatlichen Eingriffen. In Gesellschaften mit einer freiheitlichen Grundordnung werden die Menschenrechte in den Verfassungen als Grundrechte gewährleistet. In der Bundesrepublik in erster Linie durch Artikel 1 des Grundgesetzes. Zwar war die 1948 beschlossene Allgemeine Erklärung der Menschenrechte rechtlich nicht für alle Staaten verbindlich, jedoch änderte sich dies 1950 für die Mitglieder des Europarates, die in Rom die Europäische Konvention der Menschenrechte und Grundfreiheiten beschlossen, die 1952 zwischen den meisten Mitgliedsländern in Kraft trat (auch in der Bundesrepublik). In den Unterzeichnerländern ergibt sich ein unmittelbar wirkender Rechtsschutz für alle Bürger aus den Menschenrechten.

Zu den unveräußerlichen Menschenrechten gehört, das dürfte unstreitig sein, das Recht des Menschen, sich seiner Gattung gemäß entwickeln und entfalten zu können. Nach dem Naturrecht, aus dem die Menschenrechte hergeleitet werden, bedeutet dies das Recht auf eine Weise der Entwicklung, die im Wesen des Menschen begründet ist. Nun ist das, was das Wesen des Menschen ausmacht, in der Geschichte recht unterschiedlich interpretiert worden und wird es wohl auch in Zukunft werden. Aber in den Menschenrechten ist eindeutig geregelt, in welchen Rahmen die wesensgemäße Entwicklung stattfinden kann, und den Einflußmöglichkeiten des Staates sind deutliche Grenzen gesetzt. Das gilt besonders für die Erziehung und Ausbildung von Kindern, in denen dem Elternrecht ein unübersehbarer Vorrang vor staatlichen Ansprüchen zuerkannt worden ist. Aber offensichtlich scheint sich dies in der Bundesrepublik noch nicht herumgesprochen zu haben.

Das zeigt allein schon die höchstrichterliche Entscheidung, welche die Schulpflicht uneingeschränkt als verfassungsgemäß erklärte. Eine Beschwerde unmittelbar gegen zwei Urteile und mittelbar gegen das Schulpflichtgesetz – d. h. in normalem Deutsch, die Verfassungsmäßigkeit der Schulpflicht sollte überprüft werden – wurde von der 2. Kammer des Ersten Senats des Bundesverfassungsgesetzes am 5. 9. 1986 einstimmig abgelehnt, sie wurde gar nicht erst zur Entscheidung angenommen, «weil sie keine hinreichende Aussicht auf Erfolg hat». Die Begründung muß einmal in vollem Umfang dargelegt werden, damit erkennbar wird, wie von den höchsten Verfassungsschützern mit Menschenrechten umgesprungen wird:

«Die angegriffene Entscheidung des . . . und die ihr zugrundeliegenden Regelungen des Bayerischen Schulpflichtgesetzes verletzen keine Grundrechte der Beschwerdeführer. Die allgemeine Schulpflicht und die sich daraus ergebenden weiteren Pflichten beschränken in zulässiger Weise das in Art. 6, Abs. 2, Satz 1 GG gewährleistete elterliche Bestimmungsrecht über die Erziehung des Kindes. Auch die von den Beschwerdeführern in Anspruch genommene Gewissensfreiheit (Art. 4, Abs. 1 GG) gibt ihnen nicht das Recht, die Anmeldung ihres Sohnes zum Besuch der Volksschule zu unterlassen. Sie verkennen dabei die rechtliche und tatsächliche Ausgangslage. Zum einen setzt das Grundgesetz selbst die Notwendigkeit einer Bevormundung von Kindern voraus, wenn es einen gemeinsamen Erziehungsauftrag von Eltern und Kindern statuiert (BVerfGE 34, 165, 183). Zum anderen kann von einer ‹freien› Entscheidung gegen den Schulbesuch, die es zu respektieren gelte, bei einem Sechsjährigen, der weitgehend dem Einfluß seiner Eltern unterliegt, keine Rede sein. Die Beschwerdeführer wollen vielmehr ihre eigenen pädagogischen Vorstellungen durchsetzen. Das kann aber nicht zu Lasten des verfassungsrechtlich anerkannten staatlichen Erziehungsauftrages gehen, der dem wohlverstandenen Interesse des Kindes dient.»

Es ist schon schlimm, wie hier mit Grund- und Menschenrechten umgegangen wird. Gleich zu Anfang: Schulpflicht *beschränkt in zulässiger Weise* das elterliche Bestimmungsrecht über die Erziehung ihrer Kinder. Das ist unter der bevorstehenden Schulwirklichkeit ein eklatanter Verstoß gegen die Charta der Vereinten Nationen. Denn damit wird das Elternrecht staatlichen Bedürfnissen nach sozialer Kontrolle untergeordnet. Grundrechte werden zur Erhaltung eines verfassungswidrigen Status quo geopfert. Denn der Vorrang des Elternrechts vor staatlichen Interessen ist eindeutig in Art. 26, Abs. 3 (Allgemeine Erklärung der Menschenrechte, im folgenden nur als Menschenrechte zitiert) festgelegt: «In erster Linie haben die Eltern das Recht, die Art der ihren Kindern zuteil werdenden Bildung zu bestimmen.»

Also haben die Eltern auch das Recht, «ihre eigenen pädagogischen Vorstellungen durchzusetzen». Zwar ist es unstreitig, daß der Staat das Recht hat, eine allgemeine Schulpflicht einzuführen. Aber das bundesrepublikanische Einheitsschulsystem, das nur nach staatlichem Willen und staatlicher Willkür Ausnahmeregeln zuläßt (beispielsweise Waldorfschulen), ist ein weiterer gravierender Verstoß gegen Menschenrechte. Nach Art. 13 des III. Internationalen Paktes über wirtschaftliche, soziale und kulturelle Rechte (im folgenden als Menschenrechtspakt zitiert) ist die Freiheit der Eltern festgelegt, eine andere als die öffentlichen Schulen zu wählen, eine Schule, die den elterlichen Vorstellungen von Erziehung entspricht. Der Staat hat nur das Recht, Mindestnormen für freie Schulen festzulegen und nicht – wie es in der Bundesrepublik praktiziert wird – Schulen nach eigenem Gutdünken nicht zu bewilligen.

Art. 13 (3) (4) des III. Menschenrechtspaktes verdeutlicht, in welchem Maße die staatliche Schulpolitik Menschenrechte verletzt:

Art. 13 (3): Die Vertragsstaaten verpflichten sich, die Freiheit der Eltern und gegebenenfalls des Vormunds oder Pflegers zu achten, für ihre Kinder andere als öffentliche Schulen zu wählen, die den vom Staat gegebenenfalls festgesetzten oder gebilligten bildungspolitischen Mindestnormen entsprechen, sowie die religiöse und sittliche Erziehung ihrer Kinder in Übereinstimmung mit ihren eigenen Überzeugungen sicherzustellen.

(4) Keine Bestimmung dieses Artikels darf dahin ausgelegt werden, daß sie die Freiheit natürlicher oder juristischer Personen beeinträchtigt, Bildungseinrichtungen zu schaffen und zu leiten, sofern die in Absatz 1 niedergelegten Grundsätze beachtet werden und die in solchen Einrichtungen vermittelte Bildung den vom Staat gegebenenfalls festgesetzten Mindestnormen entspricht.

Vorrang des Elternrechtes und die Menschenrechte verletzende Schulpolitik in der Bundesrepublik, die den Beschwerdeführern keine Möglichkeit gelassen haben, für ihr Kind eine dessen Be-

gabung und den elterlichen, pädagogischen Zielsetzungen entsprechende Schule selbst aufzubauen oder eine bereits vorhandene für ihr Kind in Anspruch zu nehmen, reichen allein schon
aus, um daraus einen Anspruch und auch ein Recht ableiten zu
können, ihr Kind nicht zur Volksschule zu schicken.

Schulpflicht wird in der Begründung der Verfassungsrichter so
dargestellt, als wäre sie ein unmittelbarer Auftrag, der sich
direkt aus dem Grundgesetz herleitet. Es wird überhaupt nicht
überprüft, ob das, was in den Schulen tatsächlich geschieht, auch
wirklich dem «wohlverstandenen» Interesse des Kindes dient.
Das ist das eigentlich skandalöse dieser Entscheidung. Zwar ist
von den Richtern nicht zu verlangen, daß sie in ihrem Informa-
tionsstand über Schulen den neuesten Stand der Literatur wiedergeben, nach dem Schulrealität und wohlverstandenes Interesse eines Kindes zwei Bereiche sind, die überhaupt nicht mehr
zusammenpassen, aber ein wenig hätten sie sich schon über die
Schulwirklichkeit informieren müssen. Zumal einer unter ihnen,
Dr. Herzog, Ende der siebziger Jahre ca. 3 Jahre lang Kultusminister in Baden-Württemberg war. Es hat damit einer der Bau-
meister des heutigen Bildungsunwesens über dessen Verfassungsmäßigkeit entschieden. Vielleicht sind gerade deswegen
alle Fragen nach der Realität in den Schulen ausgeklammert.

Da es sich nur um Grundrechte von Kindern handelte, sollte
man nicht erstaunt sein, daß Herr Herzog sich nicht für befangen
erklärt hat. Es sind in diesem Zusammenhang wohl nur juristi-
sche Laien ein wenig erschrocken, daß dort jemand über die
Verfassungsmäßigkeit dessen entschieden hat, was er in einer
entscheidenden (Reform-)Phase mitgestaltet hat. In anderen
Bereichen, als es um wichtigere Grundrechte ging (wirtschaftliche Interessen), über die das Verfassungsgericht zu entscheiden hatte und Herr Herzog in seiner politischen Karriere als In-
nenminister ebenfalls maßgeblich daran mitgewirkt hatte, daß
Fakten geschaffen worden waren, deren Übereinstimmung mit
den Grundrechten überprüft werden sollten, erklärte er sich
selbstverständlich für befangen. Wirtschaftliche Interessen sind

in einer Gesellschaft, die Schulzwang mit dem wohlverstandenen Interesse von Kindern legitimiert, ein höheres Rechtsgut als Menschenrechte von Kindern. Da darf es dann auch nicht weiter verwundern, wenn die im Grundgesetz eingeräumten Kontrollaufgaben des Staates in Erziehung und Bildung zu einem staatlichen Erziehungsauftrag umfunktioniert werden.

Offensichtlich verursachte den Verfassungsschützern die von den Eltern für ihren sechsjährigen Sohn reklamierte freie Willensentscheidung gegen einen Schulbesuch ein wenig Kopfzerbrechen. Doch auch hier mogelten sie sich an dem eigentlichen Problem vorbei. Sie erkannten an, daß eine freie Willensentscheidung zu respektieren sei, daß davon jedoch bei einem Sechsjährigen, der weitgehend dem Einfluß der Eltern unterliegt, keine Rede sein könne. Und schon ist der Willkür Tür und Tor geöffnet. Eine bedingungsfreie Willensentscheidung gibt es überhaupt nicht. Von welchem Zeitpunkt an ist man denn bereit, dem einzelnen einen «freien» Willen zuzugestehen? Dem fünfzigjährigen täglichen Bildleser? Sicherlich! Und bei einem Sechsjährigen wird der freie Wille selbstverständlich gebrochen. Nur in einer Gesellschaft, deren Mitglieder emotionale Verarmung und den Verlust des Mitempfindens mit Tugend und Moral verwechseln, können Verfassungsrichter so mit den Grundrechten von Kindern umspringen.

Die Entscheidung des Bundesverfassungsgerichtes, die in ihren zentralen Aussagen vorherige richterliche Entscheidungen sinngemäß fortschrieb, aber auch gleichzeitig für zukünftige Entscheidungen den Rahmen zementierte, spiegelt relativ deutlich den Stellenwert von Menschenrechten für Kinder in der Bundesrepublik wider, und sie zeigt auch, daß Schulpflicht wirklich zu einer Pflicht geworden ist, die Menschenrechten übergeordnet wird. Ignoriert wird dabei, wie es tatsächlich in den Schulen zugeht. Wenn die Kultusminister behaupten, unsere Schulen seien so ausgerichtet, daß in ihnen auf alle Kinder eingegangen wird, dann ist das für sie offensichtlich Realität, keine Realität sind dagegen die steigende Anzahl von Schulversagern und die Expansion von «Nachhilfestudios», in denen die Kinder mit aller wissenschaftlichen Weisheit (oder was dafür gehalten wird) auf die geforderten Muster des Wissenserwerbs eintrainiert werden. Verdrängen und Verleugnen war schon immer eine besondere bundesrepublikanische Tugend.

Zusammenfassend ergibt sich folgendes Bild: Nur keinen Präzedenzfall schaffen, scheint das vorrangige Ziel behördlichen und richterlichen Handelns zu sein, wenn es gilt, die Schulpflicht gegenüber Menschenrechten zu verteidigen. In dieser Blockadepolitik zeigt sich die ganze Hilflosigkeit eines Gesellschaftssystems, das zu Innovationen nicht mehr fähig ist, in dem richtungsweisende politische Entscheidungen durch eine bürokratische Verwaltung der Problem- und Konfliktfelder ersetzt werden und in dem die angepaßte Mittelmäßigkeit nahezu alle Führungspositionen besetzt hat. Schulverweigerung wird in diesem Umfeld zu einer Konfliktquelle, die – wenn sie nicht unterdrückt wird – weder integriert noch kanalisiert werden kann. Insofern kann sie, wenn sie sich weiter ausbreitet, zum Aufbrechen verkrusteter Strukturen führen und Entwicklungen einleiten, die wieder zu einem auf Kinder ausgerichteten Schulsystem führen.

Anlaß für die Einführung und Durchsetzung der Menschenrechte waren immer die aktuellen oder rückblickenden Auseinandersetzungen mit Geschehnissen, deren strukturelle Verkrustungen und Ungerechtigkeiten zum Aufbegehren der Menschen führten. So schreibt die Deutsche Gesellschaft für die Vereinten Nationen anläßlich des dreißigsten Jahrestages der Allgemeinen Erklärung der Menschenrechte: «Der Ursprung der Menschenrechte in der neueren Geschichte geht u. a. zurück auf die amerikanische Unabhängigkeitserklärung und auf die französische Erklärung der Rechte des Menschen und des Bürgers von 1789.» Dies sollte langsam durch eine Erklärung ergänzt werden, die die unveränderlichen Menschenrechte von Kindern festschreibt. Denn Kinder haben das Recht, sich ihren Anlagen und Neigungen gemäß frei von staatlicher und ideologisch-motivierter Beeinflussung zu entwickeln. Was in der DDR mit der staatlichen Erziehung zum Klassenhaß geschieht, ist ein Verbrechen gegen die Menschlichkeit. Davon ist die Situation in der Bundesrepublik noch weit entfernt. Aber man hat sich mit der immer früher einsetzenden, gleichmachenden staatlichen Erziehung in den Kindergärten, dem kaum noch ein Kind entzogen werden kann, auf eine Schiene begeben, die weg von den Wertideen der Menschenrechte führt. Die darauf aufbauende staatliche Zwangsanstalt Schule ist eine Verhöhnung der Menschenrechte.

Es gibt folglich ein Menschenrecht auf Schulverweigerung. Denn Schulpflicht ist in der Bundesrepublik – auch wenn das in der politischen Entscheidung des Verfassungsgesetzes anders dargestellt wurde – verfassungswidrig. Sie verletzt unter der gegebenen Schulrealität und bei der praktizierten Bildungspolitik die Grundrechte von Kindern auf Bildung, Entfaltung der Persönlichkeit und Gewissensfreiheit. Aber aus diesem Menschenrecht wird nur über den Kampf um's Recht – wie bereits 1872 im Wiener Frühling der Rechtslehrer R. von Jhering generell zu der Problematik des Rechthabens und Rechtbekommens schrieb – ein tatsächlich die Gerichte bindendes Recht. Das Motto v. Jherings: «Im Kampfe sollst du dein Recht finden», sollte trotz aller Rückschläge für alle Eltern gelten, die die Rechte ihrer Kinder gegenüber den Schulbehörden verteidigen. Welche Schwierigkeiten und Widerstände dabei zu überwinden sind und in welche Richtung man dabei unbeirrbar weiterkämpfen sollte, wird in den folgenden Abschnitten untersucht.

1. Im Namen des Volkes oder im Namen der Schulpflicht?

Richter verkünden ihre Urteile im Namen des Volkes, Schulbehörden müssen sich auf ein öffentliches Interesse berufen, wenn sie gegen «aufmüpfige» Eltern und deren Kinder vorgehen. Was da so alles im öffentlichen Interesse und im Namen des Volkes verbreitet wird, inwieweit die Justiz in den Auseinandersetzungen um die Schulpflicht ihren verfassungsgemäßen Verpflichtungen nachkommt, soll im folgenden untersucht werden.

Nach den allgemeinen Prinzipien der Gewaltenteilung, die auch dem Grundgesetz der Bundesrepublik zugrundeliegen, ist die Justiz eine unabhängige Gewalt. Die die Gewaltenteilungslehre kennzeichnende Vorstellung, nach der zur Sicherung der Freiheit des Individuums in einer Gesellschaft unerläßlich ist, daß die verschiedenen Hoheitsfunktionen des Staates an voneinander unabhängige Personengruppen zu übertragen sind, wurde erstmalig von John Locke (1632–1704) entwickelt. Das heute noch populäre Gewaltenteilungsschema entstammt der Feder von Charles de Secondat Baron de Brède et de Montesquieu (1689–1755). Der zentrale Grundgedanke sollte auch für die Bundesrepublik noch Gültigkeit haben. Es ist der der Gewaltenhemmung durch Gewaltenteilung. Gewaltenhemmung durch Vorkehrungen dagegen, daß die mit der Ausübung staatlicher Hoheitsgewalt betrauten Personen dieses mißbrauchen. Dazu ist es unerläßlich, daß innerhalb eines Staates eine Gewalt die andere zu hemmen vermag.

Auf die Probleme hier übertragen bedeutet dies, daß Anmaßungen der Bildungspolitiker durch eine von den Eltern angerufene Justiz in die Schranken verwiesen werden. So sollte und so müßte es sein, wenn man das Grundgesetz und die Menschenrechte als etwas anderes denn unverbindliche Garnierungen der «eigentlichen» Gesetze ansieht. Traurige Realität ist jedoch, daß in keinem Fall die Justiz die Rolle als Gewaltenhemmer übernommen hat. Schulpflicht, die auf eine Weise praktiziert wird, welche auch dem letzten allmählich verdeutlicht, daß die Kinder für die Schulpflicht da sind und nicht die Schulpflicht für die Kinder, wird von der Justiz in keiner Weise beanstandet.

Dennoch geht die Argumentation immer wieder dieselbe Richtung: «Die Schule hat nicht nur den Auftrag, Wissen zu vermitteln – dies können womöglich die Eltern von ... auch –, der Schulbesuch ist vor allem deshalb durch eine Erziehung in der Familie nicht ersetzbar, weil die gemeinsame Erziehung mit an-

deren Kindern in der Schule für die soziale Entwicklung unverzichtbar ist.» Der Verfasser dieser Zeilen, ein Mitarbeiter aus einem Kultusministerium, der das Vorgehen der Schulbehörden rechtfertigen wollte, verwechselt offensichtlich Sozialdarwinismus mit Sozialverhalten. Noch ein wenig happiger wird es im folgenden Zitat, ebenfalls in einem Brief aus demselben Ministerium an einen Rechtsanwalt: «Die Schulpflicht richtet sich – wie schon ihre historische Entstehung beweist – gegen uneinsichtige Eltern, die ihre Kinder daran hindern wollen, diese Bildungsangebote wahrzunehmen. Das Schulpflichtgesetz ist also recht verstanden eine Schutzvorschrift zugunsten der Kinder... § 19 Schulpflichtgesetz (Schulzwang durch evtl. polizeiliche Zuführung des Kindes, E. T.) ist sicherlich eine Vorschrift, von der nur in extremen Ausnahmefällen sinnvoll Gebrauch gemacht werden kann. Die Bedeutung dieser Vorschrift ist vor allem darin zu sehen, daß bei einer zwangsweisen Zuführung zur Schule den Eltern mit Nachdruck deutlich gemacht wird, daß ihre elterliche Gewalt Grenzen hat und der Schulbesuch ihrer Kinder auch gegen ihren Willen durchgesetzt werden kann. Ich sehe dies als den milderen Eingriff gegenüber einer Entziehung des Sorgerechts an. Eine solche Maßnahme wäre zu erwägen, wenn Eltern ihr Kind hartnäckig daran hindern, zur Schule zu gehen und so dessen Recht auf Bildung und Erziehung vereiteln.»
Es ist wohl unbestreitbar, daß Schulpflicht einmal eine Schutzvorrichtung für Kinder war. Nur haben sich die Dinge im Verlaufe der letzten 25 Jahre so weit verkehrt, daß die Eltern ihre Kinder vor Schaden bewahren wollen, wenn sie sich weigern, ihre Kinder in die Schule zu schicken. Daß sie ihre Kinder an einem Schulbesuch hindern, glaubt der Verfasser der vorstehenden Zeilen doch wohl selbst nicht.
Bei einer zusammenfassenden Interpretation der vorliegenden Zitate stellt sich zunächst die Frage, woher haben diese Herren eigentlich ihr Wissen? Vor ca. 30 Jahren wäre niemand auf die Idee verfallen, in der Sozialerziehung die Hauptaufgabe der Schule zu sehen. In den sechziger bis Anfang der siebziger Jahre

wurde eine Unzahl Untersuchungen durchgeführt, mit denen die Notwendigkeit von Bildungsreformen untermauert werden sollte. In keiner dieser Untersuchungen wurden Vor- und Nachteile des Gemeinschafts- bzw. Einzelunterrichts untersucht. Die immer wieder vorgetragene These, daß Einzelunterricht einem Kind schade, ist eine ideologische, wissenschaftlich nicht belegte und belegbare Behauptung. Es mag ja sein, daß viele Kinder sich erst in einer Gemeinschaft richtig entfalten können. Aber genauso gibt es Kinder, die die Gruppe als belastend empfinden und gerade durch die Gruppe nicht zu einer Entfaltung ihrer Möglichkeiten kommen.

Die Behauptung, Einzelunterricht führe zu großem Schaden für ein Kind, ist unter den gegenwärtigen Bedingungen an den Schulen ein geradezu klassisches Beispiel für eine Rechtfertigung gegebener Strukturen durch ideologische Vorstellungen. Sie wurzelt in einem deterministischen Weltbild, in der Erziehung ähnlich wie bei Tieren ausschließlich als Prägung verstanden wird. Nur wer dem prägenden Einfluß der Gruppe ausgesetzt ist, kann später auch in der Gemeinschaft überleben. Eigenständige, nicht durch Prägung initiierte Entwicklungsmöglichkeiten werden den Kindern abgesprochen. Was tatsächlich in den «Gemeinschaften» in den Schulen geschieht, die wachsende Aggressivität in den Beziehungen, der zunehmende Vandalismus, der aus den Gruppenbeziehungen entsteht usw., muß konsequent ignoriert werden. Es wird der Wirklichkeit an den Schulen eine zweite Wirklichkeit, die in den Köpfen der Kulturbürokraten entstanden ist, übergeordnet. Aus dieser zweiten Wirklichkeit werden Orientierungshilfen für Entscheidungen gegen Eltern und Kinder bezogen, sie wird auch in den Massenmedien – von Ausnahmen abgesehen – als Schulwirklichkeit akzeptiert. So entsteht dann die absurde Situation, daß jeder weiß, was an den Schulen tatsächlich für Verhältnisse herrschen, dennoch aber die offizielle Lesart – nach der Eltern den Kindern ihr Recht auf Bildung vorenthalten, wenn sie nach anderen Bildungsmöglichkeiten als die des staatlichen Einheitsschulsystems suchen – aufrechterhalten werden kann. Diese ideologische Wirklichkeit darf durch die primäre Wirklichkeit in keiner Weise angetastet werden. Egal, was an den Schulen geschieht, in den offiziellen Reaktionen, Beschlüssen und gerichtlichen Entscheidungen hierzu darf an der primären Wirklichkeit nicht gerüttelt werden. Denn fällt erst einmal ein Stein aus dem ideologischen Gebäude heraus, ist zu erwarten, daß eine Lawine ausgelöst wird, die das Ganze als das entlarvt, was es tatsächlich ist: ein riesiges Experiment, durch eine gleichgeschaltete Massenbildung Kontrolle über Entwicklungen und Verhalten von Kindern zu erlangen.

Da unter den gegebenen politischen Rahmenbedingungen eine unverhüllt sich auf Macht berufende Herrschaftsausübung in der Bundesrepublik nicht möglich ist, werden die eigentlichen Absichten ideologisch verschleiert.

Ideologien sind Vorstellungen über die Wirklichkeit, die dazu benutzt werden, soziale Regelungen und Institutionen zu rechtfertigen, die nicht den Interessen der davon Abhängigen dienen, sondern Herrschaftsinteressen. Aus der Sicht der Machthaber sind sie «notwendige Unwahrheiten». Sie sollen bewirken, daß die Individuen das Bestehende als natürliche Ordnung akzeptieren. Im Zuge der sogenannten Bildungsreformen kam es zu einer neuen Blütezeit für Ideologien. Grundideologie wurde, daß der Mensch nur durch die Gesellschaft und in der Gemeinschaft seine wahre Natur erfahre. Die sich hierum rankenden weiteren Thesen und Aussagen werden auch heute noch zur Legitimierung von Schulpflicht und Schulzwang herangezogen. Selbst der borniertteste Bildungsideologe aus den Kulturbürokratien zieht sich in der Regel auf diesen Bereich zurück. Die ursprüngliche Hauptaufgabe der Schule, die Vermittlung der Kulturtechniken und die Wissensvermittlung, wird zur Rechtfertigung von Schulzwang kaum noch herangezogen. Wie sollte dies auch, denn das findet schon lange nachmittags und abends zu Hause und in den Paukstudios statt. In der Schule «lernt» man Sozialverhalten.

Zur Illustration dessen, was in den Köpfen der Kulturbürokraten alles an ideologischem Bodensatz vorhanden ist, einige weitere Sätze aus Briefen der Kultusministerien, Bußgeldbescheiden, Androhungen von zwangsweisen Zuführungen von Kindern zur Schule, Ablehnungen von Widersprüchen der Eltern, aber auch aus Gerichtsentscheidungen gegen Eltern. Auch Richter greifen bei dem, was sie immer noch als Rechtsprechung bezeichnen, gern auf den Ideologienschatz der Kultusbürokratien zurück. Es handelt sich jeweils um nicht veränderte Zitate, in denen nur Namen fortgelassen wurden.

«Die pädagogische Notwendigkeit des Schulbesuches ist Ihnen mehrfach, u. a. in persönlichen Gesprächen mit der Schulaufsicht, dargelegt worden. Insbesondere ist der Schulbesuch Ihres Sohnes auch deshalb erforderlich, damit . . . in die Gemeinschaft einbezogen und nicht isoliert wird. Das Lernen im gemeinsamen Lebens- und Erfahrungsraum einer Klassengemeinschaft und Schule setzt wesentliche Schwerpunkte für soziales Lernen und damit auch für die spätere Lebensbewältigung. Die soziale Erziehung würde bei dem Einzelunterricht völlig entfallen. Der Einzelunterricht hat für das Kind sehr negative Auswirkungen.»

Das ist eine Standardargumentation, die gleichlautend in einem Bußgeldbescheid und einem ablehnenden Widerspruchsbescheid stand. Mit nur geringfügigen Änderungen ist sie auch in Gerichtsentscheidungen sowohl im Norden als auch im Süden der Bundesrepublik nachzuweisen. Man fragt sich irgendwann, woher wissen die Herren dies eigentlich (interessanterweise war keiner der für die Auswertung ermittelten Materialien von einer Frau unterschrieben), aber hierzu an späterer Stelle mehr. In eine ähnliche Richtung wie das vorherige zielt das folgende Zitat:

«Die Kammer ist der Auffassung, daß insbesondere das mit der allgemeinen Schulpflicht verfolgte Ziel des sozialen Lernens nicht nur dem Wohl des einzelnen Schülers dient, sondern auch im öffentlichen Interesse liegt.»

Da haben wir das öffentliche Interesse. Zwar hat Elternrecht

Vorrang vor staatlichen Interessen – wenn es um die Festlegung von Erziehungszielen geht (so steht es zumindestens im Grundgesetz), also könnte man meinen, wie und wo ein Kind «soziales Lernen lernt», ist eine Angelegenheit der Eltern – aber das muß von den Richtern übersehen werden, denn ansonsten (ohne öffentliches Interesse) würden die staatlichen Sanktionsmittel ihre Legitimation verlieren. Aber es wird nicht nur ein öffentliches Interesse auf sandigem rechtlichen Grund gebaut, es wird auch tunlichst übersehen, was tatsächlich an den Schulen vorgeht. Hier lernen die Kinder nach den Gesetzen des Sozialdarwinismus ihre Ellenbogen und Fäuste einzusetzen, um sich gegenüber den Mitkonkurrenten (den anderen Kindern) und den Leistungsanforderungen durchzusetzen.

Ein Stein herausfallen muß allerdings auch noch aus der Selbstsicherheit von Richtern und Behörden, die eine ideologische Enthüllung der Grundlagen ihrer Argumentation allein noch nicht zu einer Änderung ihrer Entscheidungen bewegen kann. Eltern, die sich gegen Schulzwang wehren, können die Selbstzufriedenheit von Richtern und Schulbehörden aufbrechen, wenn sie auf die ideologischen Gehalte, auf die im Namen des Volkes aufbauend Urteile verkündet werden, in ihrer eigenen Argumentation hinweisen und dies von den Medien aufgegriffen wird. Sie können weiter geltend machen, daß Schulpflicht unter der gegebenen Realität in unserem Bildungssystem als eine Rechtsnorm anzusehen ist, deren Verbindlichkeit zumindest fragwürdig geworden ist, da sie Kinder zu bloßen Objekten staatlichen Handelns entwürdigt. Rechtsnormen, die einer eigenständigen und eigenverantwortlichen Entwicklung eines Menschen entgegenstehen bzw. ausschließen, werden unverbindlich, da ihre Bindung an den ursprünglichen Sinn und das Wesen von Recht verlorengegangen ist. Naturrechtliche Normen, das ist der dahinterstehende Grundgedanke, setzen dem positiven Recht Grenzen, die es nur um den Preis seiner Verbindlichkeit überschreiten darf. Es wird dann durch ein höheres Recht aufgehoben.

Höhere Rechte können bei Schulpflichtverletzungen die Entfaltung der Persönlichkeit, das Recht auf Bildung und Willensfreiheit sein. Diese sind als aus dem Naturrecht abgeleitete Menschenrechte in der Bundesrepublik bindendes Recht. Sie werden darüber hinaus durch das Grundgesetz als Grundrechte gewährleistet. Das gegenwärtige Schulsystem vermag für einen wachsenden Anteil aller Kinder die Wahrnehmung dieser Grundrechte nicht mehr zu garantieren. Unter diesen Bedingungen ist das kompromißlose Beharren auf Schulpflicht in den Entscheidungen der Organe der Justiz ein Verstoß gegen die dem positiven Recht vorausgehenden naturrechtlichen Normen. Schulpflicht hebt sich als verbindliches Recht durch die aus den sogenannten Bildungsreformen hervorgegangene Schulwirklichkeit selbst auf. Schulpflichtverletzungen durch Eltern, die als Vertreter ihres Kindes dessen Grundrechte verletzt sehen und folglich ihr Kind nicht mehr in die Schule schicken, begehen keine durch Bußgeld zu ahnende Ordnungswidrigkeit, sondern nehmen ihre elterliche Verpflichtung gegenüber ihrem Kinde wahr. Zumal es ja auch kaum Auswahlmöglichkeiten zum staatlichen Schulsystem gibt, da freie Schulen nicht bewilligt werden, und es eine Befreiung von der Schulpflicht in Deutschland (in Gesamtdeutschland) nicht gibt.

In etwa könnte so ein Richter argumentieren, wenn er keine politische, sondern eine auf Recht und Gesetz fußende Entscheidung fällen würde. Aber Richter in Deutschland gehören in der Regel nicht zu den Personenkreisen, die Widerstand leisten. Sie haben ein Studium absolviert, das nicht gerade einer eigenständigen Persönlichkeitsentwicklung förderlich ist, sondern in dem eher die Anpassungsbereitschaft prämiert wird. Wenn sie ihre Urteile im Namen des Volkes sprechen, ist das eine Routinehandlung, die nur in Ausnahmefällen bedeutet, daß sie sich der Vorstellung verpflichtet fühlen, der arme Sünder, den sie gerade verurteilt haben, gehöre auch dem Volke an, von dem angeblich alle Staatsgewalt ausgeht. Und steht dieser arme Sünder dann noch wegen Schulpflichtverletzungen vor dem Richter, dann wird im Namen der Staatsräson geurteilt. In allen Fällen, bei denen Einblick in die Akten genommen werden konnte, waren Eltern nicht auf einen Richter gestoßen, der wenigstens zugab, daß das Schulsystem schlecht ist. Selbst, wenn Eltern das Gefühl hatten, daß dem Richter die Angelegenheit unbehaglich war, kam irgendwann das Standardargument: Wir haben nun einmal Schulpflicht! Wenn Eltern das partout nicht einsehen wollen, da ihre Kinder im Namen der Schulpflicht in den Schulen zu psychischen Krüppeln wurden und werden, kann es ihnen sehr schnell passieren, daß sie von Richtern oder Staatsanwälten als starrsinnig eingestuft werden.

Es kann Eltern aber auch passieren, daß Richter – als verlängerter Arm der Exekutive – versuchen, die Eltern in massiver Weise einzuschüchtern. Eltern (Süddeutsche Zeitung, 16.3.1989) hatten ihr Kind aus der Schule herausgenommen, weil es schulkrank geworden war. Der Schulleiter forderte sie schriftlich auf, Roman (Name von der Redaktion geändert) wieder in die Schule zu schicken. Gegen diese Aufforderung erhoben die Eltern Klage beim Verwaltungsgericht. Sie beriefen sich darauf, daß es gegen die grundgesetzlich garantierte Menschenwürde verstoße, wenn man sie zwinge, Roman mit physischer oder psychischer Gewalt in die Schule zu schicken. Das Gericht erklärte die Klage für unzulässig, da Gegenstand von Klagen immer nur behördliche Maßnahmen sein können. Das war der Schulleiterbrief aber nicht. So weit, so gut.

Das Folgende ist aus der «Süddeutschen Zeitung» zitiert, die diesen Fall nicht ohne Häme kommentierte: «Dann wies das Gericht aber noch sehr deutlich auf die Pflichten von Schülern und Eltern hin. Das elterliche Bestimmungsrecht finde durch die dem Staat übertragene Schulaufsicht eine Begrenzung. Wenn den Eltern ohne entwürdigende Erziehungsmaßnahmen die Erfüllung der gesetzlichen Schulpflicht nicht möglich erscheine, so habe dies jedoch nicht zur Folge, daß nunmehr der freie Wille des Kindes – soweit dies überhaupt bei einem Zehnjährigen, der weitgehend dem Einfluß seiner Eltern unterliegt, möglich ist –

ausschlaggebend ist. Vielmehr sei das ein Anzeichen dafür, daß die Eltern den ihnen übertragenen Erziehungsaufgaben offensichtlich nicht gewachsen sind. Für diese Fälle sieht das Gesetz die Mitwirkung des Vormundschaftsgerichtes bei der Erziehung des Kindes vor», wiesen die Richter auf weitere denkbare Konsequenzen hin (Verwaltungsgericht München, Az., M. B K 88.5437). Wie es an den Schulen zugeht, wird von den Richtern selbstverständlich ausgeklammert; daß den Eltern niemand Erziehungsaufgaben übertragen hat, sondern daß dieses deren natürliches Recht ist, wissen diese Richter offensichtlich nicht, und daß für diese Fälle das Gesetz überhaupt keine Mitwirkung eines Vormundschaftsgerichtes vorgesehen hat, werden sie wohl wissen, aber Gesetze sind dehnbar. Diese Richter haben sicherlich ihre Grundgesetze und Menschenrechtserklärungen irgendwann der Altpapiersammlung beigefügt und dann vergessen.

Wie lange wird es noch dauern, bis hier bei den Richtern ein Bewußtseinswandel stattfindet? Man kann nur sagen, daß die gerichtlichen Auseinandersetzungen über Schulprobleme zunehmen und die Richter zu einer Meinungsänderung zwingen werden. Irgendwann wird ein Richter den ersten Präzedenzfall schaffen. Bis dahin wird es allerdings noch ein wenig dauern, wie die folgende Geschichte einer Ordnungswidrigkeit zeigt.

2. Die Geschichte einer Ordnungswidrigkeit

Eltern, die ihre Kinder nicht in die Schule schicken, begehen eine Ordnungswidrigkeit, die als Schulpflichtverletzung bezeichnet wird. Diese kann mit einem Bußgeld geahndet werden, oder das Kind wird der Schule zwangsweise zugeführt. Ein neueres Zwangsmittel des sozialen Wohlfahrtsstaates ist der Sorgerechtsentzug, d. h., das Kind kommt in ein Heim, damit der Zwangsunterricht gesichert ist. Das ist zwar eine Rechtswidrigkeit, da ein Sorgerechtsentzug in den Schulpflichtgesetzen gar nicht als Zwangsmittel vorgesehen ist und dieser ohnehin nur bei drohender Verwahrlosung praktiziert werden kann, aber die Richter in der Bundesrepublik sehen das nicht so eng. Denn bei der Qualität unseres Schulsystems wird kein Richter einen Sorgerechtsentzug aus pädagogischen Gründen befürworten, es sind vielmehr politische. Die grundgesetzwidrige Rolle des Staates als obersten Erzieher wird durch Schulpflichtverletzung in Frage gestellt. Da sind die Richter gefordert einzugreifen. Und wenn Schulpflicht nur noch unter politischen Aspekten behandelt wird, ist es selbstverständlich, daß Rechtsnormen auch der politischen Interpretation bedürfen. Aus einer simplen Ordnungswidrigkeit wird eine politische Angelegenheit, die für alle Beteiligten vorher nicht geahnte Dimensionen erhält. Die folgende Schilderung eines konkreten Falles wird dies verdeutlichen.

Der kleine Daniel hatte zwei Jahre lang eine Grundschule besucht. In den zwei Jahren hatte er sich nach Meinung der Eltern zurückentwickelt, darüber hinaus zeigten sich erste Anzeichen einer beginnenden Neurotisierung. Er war vor der Schule ein sehr phantasievolles und kreatives Kind gewesen, das hatte die Eltern schon bedenklich gestimmt, als sie an das dachten, was in den Schulen von den Kindern erwartet wird. Aber sie glaubten an die von allen Kultusministern in der Bundesrepublik verbreitete These, nach der sich in Kooperation zwischen Schule und Elternhaus die meisten Probleme lösen lassen, und begannen mit der Kooperation bereits vor der Einschulung. In einem Gespräch mit der zukünftigen Lehrerin verdeutlichten sie dieser, daß Daniel ein Lerntyp sei, der Probleme und Anforderungen mit möglichst wenigen direkten Eingriffen von außen löst. Er ist ein Lerntyp, der für den Frontalunterricht prädestiniert ist, d. h. es reicht, wenn ihm etwas gezeigt wird, dann erarbeitet er es sich selbst. Daniel war und ist typischer Einzelarbeiter, den man sich entsprechend seiner Begabungsstruktur entwickeln lassen muß. Die Lehrerin hörte sich dies alles verständnisvoll an (es hatte zumindestens den Anschein) und erklärte, daß dies ja selbstverständlich sei.

Daniel wurde eingeschult, und damit begann die Vorgeschichte einer Ordnungswidrigkeit. Die zwei Jahre Grundschule erschienen sowohl Daniel als auch den Eltern im Nachhinein als ein Alptraum. Der Unterricht wurde nach Vorschrift gemacht. Der Unterrichtsstoff wurde genauso vermittelt, wie es in den Schulbüchern stand. Daniel verweigerte sich dem Abrichten in der Schule, das die Lehrerin irrtümlicherweise für Förderung hielt. Der monotone Unterricht langweilte ihn. Mittags und nachmittags versuchten die Eltern das wieder zu entwirren, was morgens in der Schule durcheinander gebracht worden war. Daniel bekam dann die Freiräume zugestanden, die er benötigte, um lernen zu können. Was nachmittags klar war, wurde am nächsten Morgen wieder völlig unklar für Daniel. Dies ist auf Dauer eine unerträgliche Belastung für ein Kind. Dennoch gab es zeitweilig einige hoffnungsvolle Ansätze, bis Daniel wieder solange «gefördert» wurde, daß auch der kleinste Hoffnungsschimmer wieder zunichte gemacht war.

Eine Wiederholung der ersten Klasse erbrachte gar nichts. Im Gegenteil, es war zeitweilig nicht mehr möglich, mit Daniel zu Hause zu arbeiten. Gegen Ende des Schuljahres wandten sich die Eltern in ihrer Not an den Kultusminister und baten um Hilfe. Anschließend fuhren sie in Urlaub, dort offenbarte sich dann Daniels ganzes Leiden. Er bekam Weinkrämpfe, wenn er durch irgendwas an die Schule erinnert wurde. Nach fast dreiwöchiger Diskussion hatten sich die Eltern dazu durchgerungen, Daniel nach dem Urlaub nicht wieder in die Schule zu schicken, sondern selbst zu Hause zu unterrichten. Als sie zurückgekehrt waren, hatte der Kultusminister unterdessen bereits reagiert. In einem freundlich gehaltenen Schreiben wurde den Eltern mitgeteilt, daß der zuständige Regierungspräsident angewiesen worden sei, den Fall zu lösen. Auch von dort kam eine prompte Reaktion, nur war diese nicht ganz so freundlich. In typisch arroganter Behördenmanier schrieb eine Frau P. im Auftrage des Regierungspräsidenten, daß man diesen Fall erst einmal in aller Ruhe untersuchen müsse und die Eltern abzuwarten hätten, was die Untersuchung erbringen würde. Dann könnte man zu der Angelegenheit auch Stellung beziehen.

Dann begann die Geschichte einer Ordnungswidrigkeit, denn die erbosten Eltern meldeten ihren Sohn schriftlich aus dem staatlichen Schulsystem ab, um Daniel vor weiterem Schaden durch die Schule zu bewahren. Sie begründeten dies damit, daß sie befürchteten, Daniel könne auf Dauer irreparable psychische Schäden davontragen und ein Analphabet werden, wenn er weiter zur Schule ginge. Daraufhin fand ein Gespräch zwischen Eltern und dem zuständigen Schulamt statt, das aber völlig ergebnislos blieb. Der gescheiterte Versuch, das Ganze in einem freundlichen Gespräch aufzulösen, veranlaßte den Regierungspräsidenten, die große Keule auszupacken. Man wartete noch einmal sechs Wochen ab und schlug dann zu. Die erstaunten und erschrockenen Eltern lasen in einem Brief des Regierungspräsidenten, daß sie Daniel innerhalb von acht Tagen wieder in die Schule zu schicken hätten, andernfalls werde er dieser zwangsweise zugeführt. Darüber hinaus wurden sie darauf hingewiesen, daß ihr Sohn in eine Sonderschule komme. Der Beauftragte des Regierungspräsidenten schrieb: «Ich habe das Schulamt daher um Einleitung eines Sonderschulaufnahmeverfahrens gebeten.»

Wie weit die politisch-administrative Behandlung (oder bürokratisch-politische Behandlung) sich bereits zu dieser Zeit von den tatsächlichen Gegebenheiten entfernt hatte, erfuhren die Eltern ca. vier Monate später aus einem Beschluß des Verwaltungsgerichtes Minden, in dem auf diesen Vorgang eingegangen worden war: «Der Regierungspräsident Detmold wies die Antragsteller mit Schreiben vom 22. 10. 1986 darauf hin, daß sie gemäß § 16 Schulpflichtgesetz verpflichtet seien, dafür zu sorgen, daß ihr Sohn der Schulpflicht nachkomme. Mit Schreiben vom gleichen Tage bat der Regierungspräsident die Antragsgegnerin (die Schulbehörde, E. T.), ein Sonderschulaufnahmeverfahren durch eine Schule für Sprachbehinderte oder eine Schule für Körperbehinderte durchführen zu lassen.»

Jetzt waren die Eltern nicht mehr erschrocken, sondern entsetzt. Daß ein Kind, das von einer Lehrerin ständigen psychischem Druck ausgesetzt und gezielt entmotiviert wird, mit Sprachstörungen reagieren kann, ist nicht nur Psychologen bekannt. Daß man diese Kinder dann in eine extra für sie geschaffene Sonderschule abschiebt, entspricht der zynischen Vernunft, mit der der Wohlfahrtsstaat Bundesrepublik seine Probleme regelt. Das ist sicherlich erschreckend. Was die Eltern aber fassungslos werden ließ und entsetzte, war, daß aus einem quicklebendigen kleinen Jungen ein körperbehindertes Kind gemacht worden war. Durch bloßen Augenschein hätte sich jeder vom Gegenteil überzeugen können. Sie fragten sich, was in den Köpfen der Polit-Bürokraten wohl vorgegangen war, als sie das schrieben. Wie diese Leute sich verhalten würden, wenn die politischen Rahmenbedingungen ihnen nicht immer noch Grenzen setzten, dürfte auf der Hand liegen, und man sollte sich da auch keinen Illusionen hingeben.

Als die Eltern aber auf den Druck des Regierungspräsidenten nicht die gewünschte Reaktion zeigten, kam der nächste Zug der Obrigkeit sechs Wochen später. Es war ein Doppelzug: Einerseits wurde den Eltern zur Behebung der ganzen lästigen Angelegenheit ein Gespräch beim Regierungspräsidenten angeboten, andererseits wurde eine Verfügung erlassen, in der die zwangsweise Zuführung angedroht wurde, wenn Daniel nicht innerhalb von acht Tagen wieder in der Schule erscheine. Die Verfügung wurde für sofort vollziehbar erklärt, so daß ein eventueller Widerspruch keine aufschiebende Wirkung hatte. Das Gespräch beim Regierungspräsidenten führte zu keinem Ergebnis, da die Schulbehörden in keinerlei Weise kompromißbereit waren. Sie stimmten auch keiner nur vorübergehenden Befreiung aus der Schulpflicht zu, die solange dauern sollte, bis Daniel psychisch wieder imstande sei, eine Schule zu besuchen! Gegen den sofortigen Vollzug der zwangsweisen Zuführung ihres Sohnes hatten die Eltern beim zuständigen Verwaltungsgericht einen Antrag auf Wiederherstellung der aufschiebenden

Wirkung ihres Widerspruchs gestellt. Das Verwaltungsgericht entschied drei Monate später über diesen Antrag. In der Zwischenzeit bekam der Fall für alle Beteiligten einen völlig unübersichtlichen Charakter, da sowohl vom Schulamt als auch vom Regierungspräsidenten nebeneinander und durcheinander Verfahren gegen die Eltern eröffnet oder angedroht wurden, die teilweise wieder zurückgenommen werden mußten, da sie nicht mit dem bestehenden Recht vereinbar waren. Die Eltern stellten einen offiziellen Antrag auf Entlassung aus der Schulpflicht, der selbstverständlich abgelehnt wurde. Wenn die Angelegenheit nicht völlig aus den Fugen geriet, lag dies daran, daß sich alle Beteiligten zwischenzeitlich darauf geeinigt hatten, solange nichts Konkretes zu unternehmen, bis das Verwaltungsgericht über den Antrag der Eltern entschieden hatte.

Das Verwaltungsgericht entschied dann, wie es ein deutsches Gericht immer in einem solchen Falle tut, gegen die Eltern und damit auch gegen das Kind. Die Argumente der Eltern wurden ignoriert. Das Gericht schloß sich der Meinung der Kultusbürokraten an, nach der ein deutsches Kind nur im Kollektiv erfolgreich lernen kann. «Die Kammer ist der Auffassung, daß insbesondere das mit der allgemeinen Schulpflicht verfolgte Ziel des sozialen Lernens nicht nur dem Wohl des einzelnen Schülers dient, sondern auch im öffentlichen Interesse liegt.» Damit hat sich's dann, denn wenn erst einmal das Vorliegen eines öffentlichen Interesses konstruiert ist, kann auch sofort vollzogen werden. Was damit (mit der eventuellen polizeilichen Zuführung eines Kindes zur Schule) tatsächlich erreicht werden bzw., besser, angerichtet werden kann, das muß die Richter ja nicht unbedingt berühren, da sie selbst mit den Folgen ihres Handelns nicht konfrontiert werden.

Die Eltern erfuhren aus der schriftlichen Begründung des Gerichtsbeschlusses weiter, daß sie uneinsichtig seien und eine zwangsweise Zuführung, nach dem Gesetz die letzte aller Maßnahmen, in diesem Falle durchaus einmal die erste sein kann. Auf die Idee, daß, bevor man die Eltern als uneinsichtig abstempelt, man sie besser erst einmal anhört, waren die Richter nicht gekommen. Sie wurden – weder in diesem Verfahren noch in den später folgenden – nicht von den Richtern persönlich angehört. Dies war auch die Entscheidung, in der die Eltern von dem Antrag des Regierungspräsidenten lasen, Daniel in eine Sonderschule einzuweisen. Nach dem Denkschema: Paßt nicht ins Schulsystem, muß anders sein. Anderssein – da stellt sich die Assoziation Behindertsein ein, und es folgt die fürsorgliche Aussonderung.

Nach der Entscheidung des Verwaltungsgerichtes gab es ca. drei Wochen später wieder ein Gespräch im Schulamt, das recht «lebhaft» verlief und mit der Drohung endete, wenn die Eltern nicht nachgäben, würde Daniel endgültig gewaltsam der Schule zugeführt. Danach tat sich dann vier Monate, bis zum Ende des Schuljahres, nichts mehr. Zum Ende der Sommerferien kam es zu einem neuen Gespräch zwischen Eltern und Schulamt. Dazu war das Schulamt offensichtlich von «oben» (evtl. von ganz oben, vom Kultusminister) gezwungen worden, denn es verlief für alle Beteiligten frustrierend-freundlich und drehte sich die ganze Zeit im wahrsten Sinne des Wortes im Kreis. Am Ende wurde wieder die Drohung erneuert, wenn Daniel jetzt zum Schuljahresbeginn nicht endlich in der Schule erscheine, werde man zum Zwangsmittel greifen. Die einzige Einschränkung, die gemacht wurde: man wolle vorher die Entscheidung des Oberverwaltungsgerichtes, bei dem die Eltern Beschwerde gegen die erste Entscheidung des Verwaltungsgerichtes eingelegt hatten, abwarten.

Danach begannen die Ereignisse sich zu überstürzen. Es wurde ein Bußgeldverfahren gegen die Eltern eröffnet, und vierzehn Tage später wurde – wie es im Amtsdeutsch heißt – die zwangsweise Zuführung vollstreckt, d. h., morgens um 8.30 Uhr stand ein Vertreter des Ordnungsamtes mit einer Sozialarbeiterin vor der Tür, übergab die schriftliche Zuführungsanordnung und wollte Daniel zur Schule bringen. Das Ganze scheiterte daran, daß die Eltern sich weigerten, Daniel herauszugeben, und der

Beamte daraufhin auf eine gewaltsame Zuführung (mit Hilfe der Polizei) verzichtete. Interessant ist in diesem Zusammenhang, daß die Vollstreckung ca. vierzehn Tage vor dem Termin erfolgte, an dem das Oberverwaltungsgericht gegen die Eltern entschied. Die Behörden gingen offensichtlich davon aus, daß die Eltern – da sie von einem mündlich garantierten Rechtsschutz bis zur gerichtlichen Entscheidung ausgingen – zu diesem Zeitpunkt in keiner Weise mit einer Vollstreckung rechneten. Dann – so dachte man wohl – schlägt man am besten zu. Da Schulverweigerer Staatsfeinde sind, braucht man auch keine moralischen Skrupel zu haben.

Die Öffentlichkeit, auf die sich die Behörden in solchen Fällen ja immer berufen, war jedoch anderer Meinung. Aus der Presse erfuhren die Behörden, was man von ihrem Vorgehen hielt. Aufgeschreckt durch die Pressereaktion beeilte man sich, schnell zu versichern, daß man Daniel keinesfalls gewaltsam der Schule zuführen werde. Dennoch eskalierte die Angelegenheit weiter. In einem ersten Bußgeldbescheid wurden insgesamt 500 DM Geldbuße gegen die Eltern verhängt. Kurz danach wurde ein zweites Verfahren eröffnet und in Windeseile insgesamt 1000 DM Bußgelder verhängt und gleichzeitig ein weiteres Bußgeldverfahren angedroht, bei dem dann sicherlich 2000 DM Bußgelder verhängt werden würden. Die Eltern reagierten, indem sie eine Gegenoffensive eröffneten, u. a. eine Klage auf Entlassung Daniels aus der Schulpflicht, und indem sie dem Verwaltungsgericht in einer Beschwerde vorhielten, daß in allen Entscheidungen gegen sie von einer Schulrealität ausgegangen worden war, die allenfalls in den Köpfen der Bildungsideologen in den Kultusbürokratien existiert.

Da der unteren Obrigkeit die ganze Sache wohl ein wenig aus dem Ruder gelaufen war – der Fall hatte Dimensionen angenommen, die in keiner Weise mehr den Maßstäben einer Ordnungswidrigkeit entsprachen, denn bis zum Jahresende liefen fünf Verfahren beim Amts- und Verwaltungsgericht in dieser Angelegenheit nebeneinander her –, griff die obere Obrigkeit ein. Die

Bußgeldverfahren wurden gestoppt bzw. aufgehoben bis auf das erste. Anfang des Jahres wurden beim Verwaltungsgericht an einem Tag gleich zwei Verfahren gegen die Eltern entschieden (u. a. die Klage auf Entlassung aus der Schulpflicht). Es blieb jeweils ein Verfahren beim Verwaltungsgericht und beim Amtsgericht übrig, das letzte wurde einen Monat später in einer mündlichen Verhandlung entschieden. Insgesamt war der Fall wieder überschaubar.

In der mündlichen Verhandlung beim Amtsgericht wurden die Eltern zum erstenmal selbst gehört. Die Verhandlung über das erste Bußgeld dauerte zwei Stunden. Sie fand zwar in einer relativ freundlichen Atmosphäre statt, dennoch stand, darüber ließ der Richter keinen Zweifel, das Urteil fest. Das Bußgeld wurde für rechtens erklärt, und es wurde auch nicht versäumt, die Eltern darauf hinzuweisen, daß sie demnächst mit einem Sorgerechtsentzugsverfahren zu rechnen haben.

Die Eltern verzichteten auf eine Berufung, erklärten dem Richter aber auch, daß sie das Bußgeld auf keinen Fall zahlen würden. Der erschrockene Richter versuchte sie zwar umzustimmen, das war jedoch vergeblich. Seitdem wurden die Eltern über zwei Ebenen unter Druck gesetzt. Der Staatsanwalt versuchte, das Bußgeld einzutreiben, und die Behörden eröffneten ein neues Bußgeldverfahren. Allerdings sind beide durch die Unnachgiebigkeit verunsichert worden. Ihr Handeln zeigte Unsicherheiten, und von einem Sorgerechtsentzugsverfahren war für eine Weile keine Rede mehr. Der Staatsanwalt schickte, die im Gerichtsprotokoll festgehaltene Weigerung der Eltern ignorierend, nach Ablauf der normalen Frist die Rechnungen über die Bußgelder und nach drei Wochen eine Mahnung. Nach weiteren sechs Wochen wurde von ihm, ohne Mahnung oder Zahlungsbefehl, der Gerichtsvollzieher beauftragt, die Bußgelder zu pfänden. Der fand jedoch nichts, was er hätte pfänden können.

Drei Tage nach der gescheiterten Pfändungsaktion bekam der überraschte Vater ein Ratenzahlungsangebot. Die erste Rate des Bußgeldes wäre danach erst in ca. 8 Wochen zu zahlen gewesen. Die Kosten für den Gerichtsvollzieher wollte man auch nicht erstattet haben, und die Mutter soll seitdem wohl überhaupt nicht mehr zur Kasse gebeten werden, denn von ihrem Bußgeld ist seit der versuchten Pfändung keine Rede mehr. Die Wochen vergingen, und der Vater erhielt eine Mahnung, in der ihm mitgeteilt wurde, daß er die Vorteile der Ratenzahlung (um die er nie gebeten hatte) verlieren würde, wenn er nicht umgehend die erste Rate zahlte. Es vergingen weitere Wochen. Dann ist offensichtlich der Einspruch gegen das neue Bußgeld (darauf wird noch zurückzukommen sein) beim Amtsgericht eingetroffen, und dort hatte man das erste noch nicht eingetrieben. Die Reaktion des Staatsanwaltes zeigte nun unverkennbar Kopflosigkeit, denn er forderte schriftlich eine Zahlung des gesamten Bußgeldes (allerdings jetzt ohne alle Nebenkosten) innerhalb von 48 Stunden vom Vater, anderenfalls werde er ein Erzwingungshaftverfahren einleiten. Gedroht wurde mit möglichen sechs Wochen Haft, auch von einem Haftbefehl war die Rede. Diesen Drohbrief hatte der Staatsanwalt mitten in der Urlaubszeit als ganz normalen Brief geschickt. Es war reiner Zufall, daß der Vater überhaupt zu Hause war. Danach war wieder eine Weile Ruhe. Dann wurde die Haft angeordnet. Sechs Tage sollte der Vater in der Justizvollzugsanstalt Hamm verbringen. Die Haft mußte innerhalb von sieben Tagen angetreten werden. Ansonsten drohte der Haftbefehl. In dem Vordruck, mit dem die Haft angeordnet worden war, war die Stelle, an der stand: ... es kann ein Haftbefehl erlassen werden, handschriftlich in: ... es wird ein Haftbefehl erlassen, geändert.

Nun, der Vater hat die Haft nicht angetreten, es ist kein Haftbefehl erlassen worden, sondern ihm wurde kurz danach ein neues Zahlungsangebot mit einer neuen Zahlungsfrist von der Staatsanwaltschaft gemacht. Daraufhin zahlte der Vater sein Bußgeld. Nicht aus Überzeugung und nicht aus Angst vor dem Gefängnis, sondern weil er befürchtete, daß das Bußgeld über eine Gehaltspfändung eingezogen worden wäre.

Die Staatsanwaltschaft hätte sicherlich auch keinen Haftbefehl erlassen bzw. vollstreckt. Denn zu ihrem Pech hatte die Öffentlichkeit (nicht die fiktive, auf die sich die Justiz immer beruft, sondern Presse, Rundfunk und Fernsehen) wieder der Angelegenheit angenommen. Innerhalb 48 Stunden lief die Geschichte über die Tageszeitungen durch die Republik. Das Verhalten der Behörden und der Justiz wurde nahezu einhellig verurteilt. Drei Fernsehsender warteten darauf, daß der Vater seinen Gang ins Gefängnis antreten würde, und wollten diesen filmen. Das wollte die Staatsanwaltschaft dann wohl auch nicht.

Interessant in diesem Zusammenhang ist, daß die Mutter bis heute (Februar 89) kein Bußgeld gezahlt und seit 10 Monaten auch schon keine Zahlungsaufforderungen mehr erhalten hat. Offensichtlich ist man bei der Staatsanwaltschaft der Meinung, daß man es in einem solchen Falle nicht mit der Gleichberechtigung übertreiben solle. Manchmal «lohnt» es sich also doch, in einer stock-konservativen Gegend zu wohnen.

Das neue Bußgeldverfahren wurde von den hiesigen Schulbehörden ca. zwei Monate nach der Gerichtsverhandlung über das erste eröffnet. Es wurde sehr zögernd, unter Ausnutzung aller Fristen betrieben, so daß die Eltern vermuten, daß es nur noch auf politische Weisung von «oben» durchgeführt wurde. Darauf deutet auch die drastische Erhöhung der Bußgeldsumme hin. Denn nachdem der Richter für eineinhalb Jahre Schulpflichtverletzung insgesamt 500 DM Buße für rechtens erklärt hatte, sollten die Eltern jetzt für vier Monate 2000 DM zahlen. Die Eltern legten umgehend Einspruch ein und verwiesen u. a. darauf, daß sie dieses Mal durch alle Instanzen hindurch das Bußgeld anfechten werden, da in dieser Angelegenheit mehrere Aspekte einer grundsätzlichen Entscheidung bedürften.

Da in dem Einspruch der Eltern gegen den Bußgeldbescheid die Problematik von Schulverweigerungen in grundsätzlicher Weise angegangen wird und sich hieraus durchaus Argumentationshilfen für andere Eltern ableiten lassen, sollen im folgenden die wichtigsten Argumentationsstränge in Zusammenfassung unter einen übergeordneten Gesichtspunkt zitiert werden.

Verleugnung und Ignorierung der Grundrechtsverletzungen
unseres Sohnes Daniel durch Gerichte und Behörden

Wir haben bereits am 24. 8. 1987 in einem Gespräch beim Schulamt Paderborn dargelegt, daß Daniel – nachdem er verarbeitet hat, was ihm in zwei Jahren Schulzeit angetan worden ist – sich weigert, in eine Schule zu gehen. Diese freie Willensentscheidung, die wir als seine Eltern nicht nur zu akzeptieren, sondern als ein höheres Recht gegen Ihr Verlangen nach Schulzwang auch geltend zu machen haben, wurde von Ihnen bisher, obwohl wir in unseren weiteren schriftlichen Eingaben immer wieder darauf hingewiesen haben, nicht nur ignoriert, sondern Sie haben von Anfang an versucht, sie zu brechen. Legitimation für Ihr Verhalten beziehen Sie daraus, daß sowohl vom Regierungspräsidenten als Widerspruchsbehörde als auch von den Gerichten unser Verhalten bisher nicht akzeptiert wurde. Damit begeben Sie sich allerdings auf einen nicht sehr tragfähigen Boden. Denn in allen Entscheidungen gegen uns wurde an die in der Bundesrepublik herrschende Kinderfeindlichkeit recht ungeniert angeknüpft – beim Regierungspräsidenten erreichte dies in einem Falle kinderverachtende Dimensionen –, die nicht nur keine Rechte für Kinder kennt, sondern Kinder zu bloßen Objekten staatlichen bzw. behördlichen Handelns entwürdigt. Darüber hinaus ist Ihre Einschätzung der Situation, nach der durch die bisherigen Entscheidungen auch die rechtliche Lage in diesem Fall eindeutig ist, falsch.

Grundrechte, das ist unstrittig, gelten auch für Kinder. Strittig und bisher in keiner Weise geklärt ist nur, wenn Kinder etwas nicht wollen, ob ihr Wille gebrochen werden darf. Behörden und Gerichte haben sich bisher in dieser Problematik – wie auch im Falle Daniels – an einer Entscheidung vorbeigemogelt. Wir werden aber jetzt in dieser Angelegenheit unter Ausschöpfung *aller* rechtlichen Möglichkeiten auf eine grundsätzliche Entscheidung bestehen.

Wir fordern Sie in diesem Zusammenhang auf, Ihre Position, die durch eine einseitige Betonung rechtspositivistischer Argumente nicht mit den Grundzügen unserer Verfassung übereinstimmt, noch einmal zu überdenken. Denn setzt man Ihre Argumentation konsequent fort, dann bleibt nur der Schluß, daß durch Schulpflicht Grundrechte (Menschenrechte sowieso) aufgehoben werden. Auf die heutige Realität in unserem Schulsystem (vgl. zur heutigen Schulsituation unsere Eingabe vom 3. 12. 1987, Az. 25 Owi 909/87) übertragen bedeutet dies nach den Prämissen einer zynischen Vernunft: Wenn schon der Anspruch, daß die Schulpflicht für die Kinder da ist, nicht mehr aufrechterhalten werden kann, dann sind eben die Kinder für die Schulpflicht da.

Inwieweit das gesamte Schulrecht, auf das Sie sich berufen, in einem Spannungsverhältnis zum Grundgesetz steht, mag das folgende Zitat des Bundesverfassungsrichters a. D. Prof. W. Geiger verdeutlichen:

«Unser Schulrecht, soweit es positivrechtlich in Schulgesetzen der Länder gefaßt ist, ist fernab von den eben skizzierten Grundentscheidungen des Grundgesetzes formuliert. In den Texten spürt man nichts von einem Rechtsgrundsatz, daß in der Schule das existentielle Interesse des Kindes an der freien Entfaltung seiner Persönlichkeit Vorrang vor schulischen Interessen (was immer das sein mag oder wie immer sie formuliert sein mögen) hat.»[24]

Die Verfassungsferne, insbesondere der Paragraphen zum Schulzwang, resultiert einfach daraus, daß mit diesen – als sie ursprünglich verfaßt wurden – ganz andere Ziele verfolgt wurden, als Sie jetzt im Falle Daniels verfolgen. Mit Schulzwang sollte nötigenfalls das Recht eines Kindes auf Bildung gegenüber den Eltern durchgesetzt werden. Das heutige Schulsystem verbaut jedoch für einen wachsenden Anteil Kinder Entwicklungs- und Bildungschancen, so daß eine Weigerung, sich dem Schulzwang zu unterwerfen, mit dem Ziel erfolgt, ein Kind vor Schaden durch die Schule zu bewahren. Diese Situation ist im Schulpflichtgesetz, das in ganz anderen historischen Zusammenhängen entstanden ist und nie der weiteren Entwicklung angepaßt wurde, gar nicht vorgesehen.

Damit ist Ihr Versuch, mit den Bußgeldbescheiden Daniels freie Willensentscheidung zu brechen, nicht nur eine massive Verletzung von Grundrechten eines Kindes, sondern dieser ist auch durch das derzeitige Schulpflichtgesetz nicht abgedeckt. Denn der Sinn dieses Gesetzes ist in keiner Weise mit diesem konkreten Fall in Einklang zu bringen.

Unzulässige Doppelbestrafung einer Ordnungswidrigkeit aus Gewissensgründen

Sie haben bereits am 28. 9. 1987 ein Bußgeld von jeweils DM 250,– und am 27. 11. 1987 von jeweils DM 500,– gegen uns festgesetzt. Gegen die Bußgeldbescheide haben wir Einspruch erhoben. In dem Einspruch gegen die zweiten Bußgeldbescheide haben wir u. a. geltend gemacht, daß es sich um eine unzulässige Doppelbestrafung einer Ordnungswidrigkeit aus Gewissensgründen handelt. Mit Schreiben vom 21. 12. 1987 haben Sie dem Einspruch stattgegeben und die Bescheide aufgehoben. Da es sich immer noch um dieselbe Ordnungswidrigkeit handelt und die Rahmenbedingungen um diese herum sich in keiner Weise geändert haben, ist es uns unverständlich, wie Sie jetzt wieder ein Bußgeld verhängen können.

Mit den folgenden Ausführungen möchten wir noch einmal verdeutlichen, warum wir es mit unserem Gewissen in keiner Weise vereinbaren können, Daniel wieder in eine staatliche Schule zu schicken:

Das Schulsystem hat sich in der Folge der sogenannten Bildungsreformen zu einem Gebilde entwickelt, für das Kinder in ihrer ganzen Begabungs- und Persönlichkeitsvielfalt eine Umwelt bedeuten, deren Differenziertheit es nicht mehr wahrzunehmen vermag. Um dennoch gegenüber Kindern handlungsfähig zu bleiben, wird in den Schulen auf die Persönlichkeitsmerkmale und Begabungsstrukturen, die in den Programmen schulischer «Förderung» nicht berücksichtigt sind, mit einer gnadenlosen Unterdrückung und anschließenden Aussonderung reagiert.

Wir haben es zwei Jahre lang bei Daniel erlebt. Morgens wurde er in der Schule nach einem Einheitsschema abgerichtet – Sie nennen das Förderung –, mit dem Resultat, daß er nichts lernte und entmotiviert und blockiert mittags nach Hause kam. Nachmittags wurde er von uns dann aus der Blockade behutsam herausgeführt, und er lernte dann ohne größere Probleme, da wir ihn den Unterrichtsstoff gemäß seiner Begabungsstruktur und seines Lerntyps erarbeiten ließen (früher war das selbstverständlich). Was nachmittags klar war, wurde am nächsten Morgen wieder durcheinander gebracht. Das ist auf Dauer für ein Kind eine unerträgliche Belastung und führt zu einer Zerstörung des Selbstwertgefühls. Wäre Daniel noch einige Wochen zur Schule gegangen, wäre er ein Fall für die Kinderpsychiatrie geworden. Mit Sicherheit hätte er in diesem Schulsystem, das ihn völlig entmotiviert hat, nicht mehr Lesen und Schreiben gelernt. Schulzwang um den Preis des Analphabetismus? Wollen Sie das wirklich??

Das letzte Gespräch im Schulamt am 28. 3. 1988 hat uns noch einmal verdeutlicht, daß man weder in den zuständigen Behörden noch in den Schulen bereit oder fähig ist, Kinder zu akzeptieren wie sie sind. Es sind immer die Kinder, denen Anpassungsleistungen abgezwungen werden. Selbst um den Preis der Zerstörung einer Kinderpersönlichkeit. Jeder weiß das, die Literatur über die katastrophalen Zustände an den Schulen füllt die Regale pädagogischer Bibliotheken. Dennoch ändert sich nichts zum Positiven. Im Gegenteil, mit jeder weiteren Veränderung zur Behebung der Mißstände an den Schulen entfernt sich die Schulwirklichkeit weiter von der Kinderwirklichkeit. Die Ursache ist hierfür zum Teil sicherlich in der ideologischen Borniertheit von Bildungspolitikern und ihnen nahestehenden Wissenschaftlern zu sehen, für die Kinder Minderwesen sind, die ohne staatliche «Fürsorge» zu keiner positiven Entwicklung fähig sind. Aber ein weiterer Aspekt darf in diesem Zusammenhang nicht übersehen werden. Die Struktur des jetzigen Schulsystems und die Regelung der Beziehungen dieses Systems zu seiner Umwelt (Kinder, Eltern) gibt allen in ihm Tätigen Macht gegenüber der Außenwelt. Es sind bei Fehlentwicklungen immer die Kinder, die nicht den in den Förderprogrammen festgelegten Durchschnittswerten entsprechen. Reagieren sie nicht auf zusätzliche Förderungsmaßnahmen, die in der Regel an den tatsächlichen Problemen vorbeigehen, können sie mit ruhigem Gewissen ausgesondert werden.

Der unheilvolle Einfluß von B. F. Skinners, dessen Lerntheorie Leitbildcharakter für die Bildungsreformer hatte, wirkt sich hier immer noch aus. Skinner ging grundsätzlich davon aus, daß sich Lernprozesse bei Tieren nicht von denen bei

Menschen unterscheiden, und menschliche Freiheit schloß er selbst als prinzipielle Möglichkeit aus. Kinder, die sich nicht wie Tiere abrichten lassen – das Lernen in kleinen Schritten, die jeweils durch eine materielle (bei Tieren) und immaterielle (bei Kindern) Futtergabe positiv verstärkt werden, entspricht in jeder Hinsicht dem Prozeß des Abrichtens in der Tierdressur –, müssen dabei im wahrsten Sinne des Wortes auf der Strecke bleiben. Der amerikanische Schulkritiker Paul Goodman hat eine ausreichende reaktive Dummheit als die Grundqualifikation für erfolgreiches Lernen in den heutigen Schulen bezeichnet.

Die Entwicklung von Kindern findet in diesem Schulsystem nur noch im Rahmen von vom Staat festgelegten und eingegrenzten Vorgaben statt; d. h., Kinder können an den Schulen ihre Begabung nicht mehr entfalten, sondern sie werden «begabt». Aus dieser Objektrolle kommen sie auch dann nicht heraus, wenn der Schulzwang Lernen im konkreten Fall verhindert und Verhaltensstörungen bzw. sekundäre Neurotisierungen bewirkt. Die Kinder gelten dann als auffällig. Zur Behebung der Auffälligkeiten werden sie pädagogischen und psychologischen Interventionen und Therapien ausgesetzt, die wie technische Prozesse konzipiert sind. Die Möglichkeiten für Sonderbehandlungen von Kindern werden immer differenzierter und vielfältiger. Nur eines ist in dem Ganzen nicht vorgesehen: ein Freiraum für eigenständige Entwicklungen von Kindern, diese bleiben immer in der Rolle des für Bildungsideologen, Pädagogen etc. verfügbaren Objektes. Inwieweit Schulpflicht unter den gegebenen Umständen überhaupt noch verfassungsgemäß ist, bedarf sicherlich einmal einer grundlegenden Klärung.

Daniel ist ein phantasievoller, kreativer kleiner Junge. Wenn wir ihn diesem Schulsystem ausliefern, bringen wir ihn um seine Lebenschancen. Davon kann uns auch Ihre wieder eröffnete Strategie des Kleinkriegens nicht abbringen. Eher emigrieren wir in eines unserer Nachbarländer.

Im November 1988, ca. sieben Monate, nachdem das Bußgeldverfahren eröffnet worden war, fand die Gerichtsverhandlung statt. Sie wurde von demselben Richter wie im Februar geführt. Allerdings war von der relativ freundlichen Atmosphäre der ersten Verhandlung nichts mehr zu spüren. Die Eltern wurden von dem Richter mit eisiger Mißachtung übersehen, als sie hereinkamen. Der als Zeuge geladene Schulrat dagegen kurz danach wie ein guter Bekannter begrüßt. Irgendwann geht den Menschen der Sinn für Peinlichkeiten verloren.

Der Ablauf der Verhandlung wurde vor allem durch die Bemühungen des Richters geprägt, das nicht zur Sprache kommen zu lassen, um das es eigentlich ging: Um Grundrechtverletzungen, insbesondere Gewissensentscheidungen. Am Ende wurden die Bußgeldbescheide von DM 1000,– auf DM 500,– pro Kopf reduziert. Die Eltern legten gegen das Urteil Beschwerde beim Oberlandesgericht ein, die innerhalb eines Monats abgewiesen wurde.

Stand der Dinge im Februar 1989. Die Eltern erhoben beim Bundesverfassungsgericht Beschwerde gegen das Urteil des Amtsgerichtes und die Entscheidung des Oberlandesgerichtes.

Zuvor hatten die Schulbehörden wieder einmal alle Möglichkeiten des Obrigkeitsstaates genutzt, um Druck auszuüben. Kurz vor Weihnachten war der Anruf eines Rechtsanwaltes gekommen, der den Eltern im Auftrag des Schulamtes mitteilte, daß wieder eine zwangsweise Zuführung Daniels zur Schule geplant sei. Sechs Wochen später bekamen sie einen Anruf vom Kreisjugendamt. Von dort wurde ihnen mitgeteilt, daß die Schulbehörde um eine Überprüfung der Angelegenheit durch das Jugendamt gebeten habe. Es wurde in den Gesprächen nie direkt gedroht, immer nur angedeutet. So läßt sich am ehesten psychischer Druck ausüben. Die Eltern waren alles in allem froh darüber, daß in der Bundesrepublik politische Rahmenbedingungen vorherrschen, die die Menschen zwingen – mit Einschränkungen – sich wie Demokraten zu verhalten. Wie diese Behörden sich verhalten werden, wenn sich die politischen Verhältnisse einmal ändern werden, dürfte absehbar sein. Sicherlich werden alle nur immer ihre Pflicht tun. Aber ein Deutscher, der seine Pflicht tut, gehört nicht umsonst zu den Schreckensfiguren auf der Welt.

Die Verfassungsbeschwerde war eine Erweiterung und Differenzierung des Einspruchs gegen die letzten Bußgeldbescheide. Die Eltern machten noch einmal deutlich, daß es nicht darum geht, ob der Staat Schulpflicht verordnen könne, sondern daß die Schulpflicht unter den gegebenen Verhältnissen an den Schulen ihre Bindung an ihren ursprünglichen Sinn und Zweck verloren habe und insofern als Rechtsnorm nicht mehr verbindlich sei. Darüber hinaus beriefen sie sich auf eine Verletzung ihrer und Daniels «Gewissensfreiheit» (Art. 4 GG). Art. 4 GG gibt dem Bürger das Recht gegenüber dem Staat, nicht etwas tun zu müssen, das ihm sein Gewissen verbietet. Oder anders herum: Der Staat darf keinen Bürger zwingen, seinem Gewissen, das ihm etwas strikt verbietet, zuwiderhandeln zu müssen.

Art. 4 GG hat in erster Linie eine Schutzfunktion für in Gewissensnot geratene Bürger. D. h., ein Gesetz, das jedermann verpflichtet, verliert für denjenigen seine Verbindlichkeit, dem sein Gewissen verbietet, den Forderungen des Gesetzes nachzukommen. Das ist die Grundlage dieses Grundrechtes. Ob in den jeweiligen Fällen die Grenzen dieses Grundrechtes vom Bürger überschritten oder ob staatliche Ansprüche zurückzustehen haben, ist vor diesem Hintergrund von den Gerichten zu überprüfen. Wenn ein Gericht sich weigert, sich mit diesen Problemen auseinanderzusetzen, verletzt es die Grundrechte der Bürger, in diesem Falle Daniels und seiner Eltern.

Daniel hatte sich – nachdem er verarbeitet hatte, was ihm an den Schulen angetan worden war – geweigert, in die Schule zu gehen, weil er dort nicht mehr lernen könne und weil die Schule für ihn eine Zwangsanstalt geworden war, vor der er Angst hatte. Die Eltern können es mit ihrem Gewissen nicht vereinbaren, ihn dort zwangsweise hinzuführen.

Wie das Bundesverfassungsgericht hierüber entscheiden wird, kann man nicht sagen. Bisher hat es immer im Sinne des Staates entschieden. Aber die Probleme an den Schulen nehmen zu. Immer können auch die Verfassungsrichter hiervor nicht ihre Augen verschließen.

Die Hektik der Behörden und Gerichte in den letzten Entscheidungen und Maßnahmen gegen die Eltern deutet bereits daraufhin, daß der Staat allmählich seine Selbstsicherheit und Selbstzufriedenheit zu verlieren beginnt, wenn es um Schulpflicht geht. Vielleicht ist das ja der erste Schritt in einem Bewußtseinswandel, an dessen Ende die erste Entscheidung eines Richters zugunsten eines Kindes steht. Die rechtlichen Voraussetzungen dafür sind da, hier muß kaum etwas geändert werden. Der Wandel muß sich im Bewußtsein vollziehen.

3. Schulpflicht und Homeschooling

Wenn man der Argumentation der Kulturbürokraten folgt, der sich ja auch Richter bereitwillig anschließen, scheint nichts schädlicher für ein Kind zu sein als Hausunterricht. Inwieweit es sich dabei allein um eine ideologische Behauptung handelt, die geradezu groteske Ausmaße bekommt, wenn man mit einbezieht, wie es tatsächlich an unseren Schulen zugeht, ist bereits abgehandelt. Daß die Kulturbürokraten dennoch konsequent auf der Notwendigkeit des «Gemeinschaftserlebnisses» in den Schulen beharren, läßt sich allenfalls mit einer eingeschränkten Weltsicht erklären. Zur Erweiterung der bisherigen Argumentation soll hier noch einmal dargelegt werden, daß – wenn man sich von Verengungen des Denkens befreit – Hausunterricht keinesfalls etwas Exotisches ist.

Hausunterricht war, bis er von den Machthabern im Dritten Reich abgeschafft wurde, ein selbstverständlicher Bestandteil des Bildungswesens. Er wird auch heute wieder in den USA, Österreich, Schweiz, Frankreich, Dänemark, Großbritannien, Irland usw. nicht nur geduldet, sondern ist eine mit entsprechenden Gesetzen geschützte Bildungsmöglichkeit von Kindern, die aus irgendwelchen Gründen keine Schule besuchen wollen oder können. Es gibt nur zwei Ausnahmemöglichkeiten in den freiheitlichen, westlichen Demokratien, in denen Hausunterricht in keiner Weise geduldet wird. Die eine ist der Überwachungsstaat Schweden, in dem sich die Grundprinzipien von Steuerung und Kontrolle gesellschaftlicher Vorgänge, so wie sie von der Sozialdemokratie zur Durchsetzung eines modernen Wohlfahrtsstaates und Daseinsvorsorgestaates entwickelt wurden, völlig von ihrem Ursprung verselbständigt und pervertiert haben. Die andere Ausnahme ist die Bundesrepublik. Hier hat sich das pervertierte sozialdemokratische Denken zwar nur im Bildungs- und Erziehungssektor durchgesetzt, aber in einer ähnlichen Rigidität wie in Schweden. Auch der reaktionärste Bildungspolitiker denkt, wenn es um Schulfragen geht, sozialdemokratisch. Allerdings ist ihm das nicht bewußt.

Der erstaunlichste Wandel hat sich in den USA vollzogen. Es ist noch gar nicht lange her, da wurde dort Schulpflicht mit Polizeigewalt durchgesetzt und Eltern, die sich dennoch zu widersetzen wagten, teilweise zu längeren Gefängnisstrafen verurteilt. Heute ist Hausunterricht, in den USA Homeschooling genannt, eine das ganze Land immer mehr erfassende Bewegung, die vom Staat unterstützt wird. Eltern bekommen Unterrichtsmaterialien zur Verfügung gestellt und werden bei Bedarf von Lehrern beraten. Anders ist die Situation in der Bundesrepublik. Was in der Weimarer Republik noch möglich war, wird jetzt in keinem Fall mehr geduldet, obwohl sich die gesetzlichen Grundlagen kaum verändert haben. Das Gesetz über Schulpflicht in Preußen vom 15. 12. 1927 sah zwar auch grundsätzlich eine Schulpflicht für alle Kinder vor, aber die Kinder konnten aus «zwingenden Gründen» aus der Grundschule abgemeldet werden, wenn anderweitig Unterricht gewährleistet war. Nach Ablauf der Grundschule konnte die Schulpflicht ebenfalls ruhen, wenn für Ersatzunterricht gesorgt war. Privatunterricht war als Ausnahmemöglichkeit ausdrücklich vorgesehen und wurde auch praktiziert.

Von den gesetzlichen Grundlagen her wäre auch in der Bundesrepublik Privatunterricht möglich, aber eben nur möglich. Das kann an einem konkreten Beispiel verdeutlicht werden. Auf einen offenen Brief des in München ansässigen Vereins FLOSZ (Freies Lernen ohne Schulzwang) und den darin enthaltenen Vorwurf einer rigiden Praktizierung des Schulzwangs – Anlaß war die versuchte zwangsweise Zuführung eines zehnjährigen Jungen zur Schule – reagierte der Kultusminister des Landes Nordrhein-Westfalen in einem Schreiben vom November 1987 mit folgenden Worten: «Es ist auch nicht richtig, daß die Schulpflicht eine so starre Regelung darstellt, wie Sie zu glauben scheinen. § 6, Abs. 4 des Schulpflichtgesetzes für Nordrhein-Westfalen lautet: (4) Vom Besuch der Grundschule darf das Schulamt nur befreien, wenn ein wichtiger Grund vorliegt und für anderweitigen Unterricht hinreichend gesorgt ist.

Der Fall des Kindes Daniel, auf den Sie sich in Ihrem offenen Brief beziehen, rechtfertigt allerdings nicht, ihn vom Besuch der Schule zu befreien.»

Die entscheidende Stelle dieses Absatzes, die staatlicher Willkür Tür und Tor öffnet, ist «wenn ein wichtiger Grund vorliegt». Es gibt nichts, was von den Schulbehörden als wichtiger Grund anerkannt wird. Eigene Recherchen haben ergeben, daß man sich in der Kulturbürokratie in Düsseldorf allenfalls an ein kleines Geigengenie zu erinnern vermag, das einmal aus der Schulpflicht entlassen worden ist. Der Fall wirkt aber dermaßen konstruiert, daß diese Entlassung wohl nur in den Köpfen der Kulturbürokraten stattgefunden hat. Ein konstruierter Vorzeigefall, damit man sagen kann, schaut her, so schlimm sind wir ja gar nicht! Eine wirkliche Entlassung aus der Schulpflicht hat es aber auch gegeben. In Baden-Württemberg wurde ein kleines weibliches Tennisgenie von dem Kultusminister, der gleichzeitig Präsident eines Bundesliga Fußballvereins ist, aus der Schulpflicht entlassen, damit sie für ihre armen Eltern ein paar Dollar-Millionen verdienen kann.

Was würde eigentlich wirklich passieren, wenn Homeschooling auch in der Bundesrepublik gestattet würde? Die Machtposition der Schule gegenüber Schülern und Eltern wäre nicht mehr haltbar. Es könnte nicht mehr gegenüber diesen geltend gemacht werden, inwieweit ein Kind nicht der festgelegten Norm entspricht, sondern in den Schulen müßte man sich wieder den Kindern so anpassen, wie diese tatsächlich sind. Darüber hinaus wäre zu erwarten, daß etwa bis zu 5 Prozent aller Kinder in relativ kurzer Zeit zu Hause unterrichtet würden. Dies ist der Anteil der Kinder, die auf keinen Fall in dieses Schulsystem hineinpassen. Mindestens 15 Prozent aller Schulkinder kämen als potentielle Kandidaten für Hausunterricht hinzu. Die Schulen gerieten unter Anpassungsdruck. Hier ist zu befürchten, daß sie dieser Herausforderung nicht gewachsen sind. Denn das Niveau der Lehrerausbildung ist in der Bundesrepublik erschreckend niedrig, so daß nicht zu erwarten ist, daß die Schulen mit attraktiven pädagogischen Konzepten um die Schüler konkurrieren werden. Sie werden eher mit Geschenken (verbesserte Freizeitangebote und dem Versprechen, daß sie der höheren Schullaufbahn keinen Stein in den Weg legen) um Schüler werben.

Die staatlichen Schulen werden ihre derzeitige Bedeutung im Schulsystem mit Sicherheit verlieren, wenn Hausunterricht offiziell genehmigt würde. Denn dann müßten ja auch zwangsläufig freie und alternative Schulen bewilligt werden. Das liefe dann auf eine Entwicklung ähnlich wie in den USA und Großbritannien hinaus, bei denen staatliche Schulen diejenigen mit dem schlechtesten Image sind, die man möglichst meidet. Der Staat könnte seine Rolle als oberster Erzieher der Nation nicht mehr ausüben, er würde Macht verlieren. Das ist die eigentliche Angst der Kulturbürokraten.

Das in diesem Zusammenhang immer wieder vorgeschobene Argument, Hausunterricht mit allen Konsequenzen benachteiligte Kinder aus Unterschichten, weil deren Eltern nicht die Mittel oder Möglichkeit haben, diesen ebenfalls zu praktizieren, ist nicht haltbar. Eine Auswertung von standardisierten Prüfungsergebnissen[25] von Kindern, deren Eltern wegen Homeschooling verhaftet worden waren, also aus der Zeit, als Homeschooling in den USA von der Polizei verfolgt wurde, ergab, daß 80,1 % aller Kinder einen um 30 % höheren Bildungsstand hatten als das durchschnittliche amerikanische Schulklassenkind. Entscheidend ist aber, daß die meisten Eltern dieser Kinder aus einer niedrigen sozialen Schicht kamen und über wenig formelle Bildung verfügten. Es werden keine neuen sozialen Benachteiligungen geschaffen, sondern Kinder aus allen sozialen Schichten profitieren vom Hausunterricht.

Interessant in diesem Zusammenhang ist die Rolle der Wissenschaften, nachdem Homeschooling in den USA gesetzlich genehmigt worden war. Bis zu diesem Zeitpunkt wurden die positiven Effekte der Sozialisation unter Gleichaltrigen einseitig überbetont. Jetzt entdeckte man mit einem Male die Schädlichkeit der Gleichaltrigen-Abhängigkeit. Insbesondere für Genies, was immer man darunter verstehen mag, wurde Hausunterricht als das Non-plus-Ultra dargestellt, die Massenbildung in den öffentlichen Schulen dagegen als ein «riesiges Experiment», das Vorkommen von Genies zu unterdrücken. Diese Ergebnisse erfassen sicherlich einige Aspekte durchaus richtig, aber hier wurde das Mäntelchen wieder schnell nach dem Wind gedreht, als sich die politische Lage für Hausunterricht veränderte. Offensichtlich wird in den USA ähnlich wie in der Bundesrepublik die Richtung der wissenschaftlichen Diskussion durch die Kumpanei der Mittelmäßigkeit bestimmt.

Eltern sollten hieraus die Konsequenzen ziehen, daß sie – wenn sie über Vor- und Nachteile des Hausunterrichtes nachdenken – sich nicht an dem Stand der sogenannten wissenschaftlichen Diskussion orientieren oder auf den Rat von «Experten» verlassen. Sie sollten auf ihr eigenes elterliches Erfahrungswissen bauen. Kommen sie auf Grund dessen zu dem Schluß, daß die Schule für ihr Kind schädlich ist, dann sollten sie ihr Elternrecht, die Art der Bildung ihres Kindes in erster Linie selbst bestimmen zu können, und das Recht ihres Kindes auf Bildung gegenüber staatlichem Schulzwang geltend machen. Denn Schulzwang heute dient nicht mehr dem wohlverstandenen Interesse des Kindes, sondern dem Wohlbefinden und Machtinteressen der Kulturbürokraten.

Das Ausmaß der Freiheit im Bildungswesen gibt Auskunft über das Ausmaß der Freiheit in der Gesellschaft. Für einen Staat, wie dem der Bundesrepublik, der seinen Bürgern mißtraut, ist die Vorstellung eines freien Bürgers eine Schreckensvision. Er wird in den Bürgern Untertanen sehen, die sich in kontrollierbaren und reglementierten Lebensräumen zu bewegen haben. Anders ist die Situation in Ländern mit einer liberalen Tradition, in denen das Obrigkeitsdenken nie so ausgeprägt war wie in Deutschland.

In Holland beispielsweise ist ein Grundsatz der Bildungspolitik, daß der Staat kein Recht hat, den Eltern eine Schule aufzuzwingen, die deren Erziehungsvorstellungen widerspricht. Im Gegenteil, er muß sogar die privaten Schulen, die von Eltern gegründet wurden, finanziell ebenso unterstützen wie die staatlichen. In der Schweiz gibt es zahlreiche Privatschulen. Homeschooling liegt im Ermessen jedes einzelnen Kantons. In Dänemark ist in der Verfassung festgelegt (§ 76), daß Eltern, die selbst dafür sorgen, daß ihre Kinder einen Unterricht erhalten, der zu ähnlichen Ergebnissen führt wie in der Volksschule, nicht verpflichtet sind, ihre Kinder in die Schule zu schicken. Hausunterricht ist dort nicht etwas, was genehmigt werden kann, sondern es besteht ein Rechtsanspruch darauf. Wie dieser stattfindet, geht den Staat nichts an. Er kann allenfalls im nachherein in den Kernfächern (Dänisch, Rechnen, von einem bestimmten Alter an auch Englisch) überprüfen, ob ein befriedigender Leistungsstand erreicht ist. Ein deutscher Kultusminister könnte sicherlich keine Nacht mehr schlafen, wenn seinen Untertanen solche Freiheiten eingeräumt würden.

In den Vereinigten Staaten konnte Homeschooling teilweise über Gerichtsentscheidungen durchgesetzt werden. Die Richter gaben den Argumenten der Schulbehörden, insbesondere dem auch in der Bundesrepublik stereotyp wiederholten, daß ein Kind Schaden erleide, wenn es nicht der «Sozialgemeinschaft» Schule angehört, keinen Vorrang mehr vor den besseren Lernerfolgen des Hausunterrichtes. Richter sind dort offensichtlich noch imstande, der Individualität Vorrang vor dem Kollektiv zu geben. In der Bundesrepublik dagegen, in der Individualität allmählich zu einem Schimpfwort verkommt, wird Freiheit des Individuums allenfalls noch mit der Freiheit zu PS-gestütztem Imponiergehabe auf den Bundesautobahnen in Zusammenhang gebracht.

Die Zurichtung der Kinder

Die Kinder werden der Schule angepaßt, nicht die Schule paßt sich den Kindern an. Aus der Förderung von Kindern ist längst ein Abrichten geworden. Kinder werden für die Schule passend zugerichtet. Dies ist schon des öfteren angesprochen, es bedarf aber noch einer differenzierten Darstellung, um den Standardargumenten zur Verteidigung der Schulwirklichkeit jegliche Basis zu entziehen. Es soll im folgenden gezeigt werden, daß es für das Menschenrecht auf Bildung nicht nur keine Entfaltungsmöglichkeiten in der Schulpraxis gibt, sondern daß es längst von dem staatlichen Anspruch auf Kontrolle kindlichen Verhaltens abgelöst ist. Verhaltenskontrolle ist nach Chorover[26] als ein Teilbereich der umfassenderen Psychotechnik zu begreifen, die zwei Dinge will: die menschliche Natur definieren (oder messen) und menschliches Verhalten kontrollieren. Bei den Bildungsreformen wurde dieses Verfahren noch verkürzt. Es wurde zwar auch gemessen, vorrangig wurde jedoch definiert, wie ein Kind zu sein hat. Von diesem festgelegten Bezugspunkt aus sollte dann kontrollierte und gesteuerte Entwicklung in Gang gesetzt werden.

1. Kontrolliertes Lernen = kontrollierte Kinder

Lernen im traditionellen Sinne wurde an den Schulen als ein Prozeß gesehen, der unter Anleitung eines Lehrers vollzogen wurde und in dem möglichst alle Schüler gleichzeitig weitgehend übereinstimmende Lernprozesse durchlaufen. Genannt wurde das Ganze Frontalunterricht. In der Praxis lief das nach einem Schema, nach dem der Lehrer vor der Klasse stand, Wissen gemäß dem Lehrplan von sich gab, gelegentlich – wenn die Gefahr sich abzeichnete, daß die meisten Kinder einzuschlafen drohten – auf Wiederholungen durch Schüler bestand oder Fragen stellte, mit denen er überprüfen konnte, inwieweit das verstanden worden war, was er selbst produziert hatte. Gegen diesen Unterricht wurde von Pädagogen immer wieder eingewendet, daß die Aktivität und Selbsttätigkeit der einzelnen Schüler zu gering ist: Nur wer sich gerade meldete oder aufgerufen wurde, mußte denken und zwangsläufig auch lernen, während die Mehrzahl in der Regel zufrieden war, wenn sie nicht drankam.

Eines der wesentlichen Ziele der Bildungsreformer war, die Schüler im Unterricht zu einer ständigen Selbsttätigkeit anzuhalten, um die Lernprozesse zu steigern und damit die Lernfähigkeit besser auszuschöpfen. Dabei wurde völlig übersehen, daß es zum langfristig erfolgreichen Lernen für Kinder unerläßlich ist, auch einmal etwas verschlafen zu können. Gerade dadurch, daß der Unterricht verdichtet wurde und immer weniger Schlupflöcher ließ, wurde erreicht, daß die Kinder weniger statt mehr lernten. Warum, soll im folgenden untersucht werden.

Die Verdichtung wurde durch eine Änderung der Sozialform des Unterrichts bereits erreicht. Gruppenunterricht, Partnerunterricht oder vermeintlich individualisierter Unterricht bewirken, daß die Schüler gezwungen werden, sich mit größerer Intensität mit dem Unterrichtsstoff auseinanderzusetzen. Aber nicht nur durch Veränderungen der Organisationsform des Unterrichts wurde eine Verdichtung der Lernprozesse angestrebt, sondern auch in den Lernprozessen selbst. Ziel war ein vom «unnötigem Ballast» befreites Lernen, das auch programmiertes Lernen genannt wird, und auf «objektive Weise» Wissen vermitteln sollte.

Persönliche Bezüge im Prozeß des Lernens wurden abgeschafft, da – wie man meinte erkannt zu haben – die alte These, nach der Schüler für einen bestimmten Lehrer lernen, «reformbedürftig» war. Die Reformer glaubten, nachgewiesen zu haben, daß viel mehr Schüler gerade wegen eines bestimmten Lehrers nicht lernen. Außerdem hatten die Reformer erkannt – aus ihrer Sicht durchaus richtig und konsequent –, daß persönliche Bezüge zwischen Lehrern und Schülern zu Faktoren gehören, die man nicht planen und kontrollieren kann. Sie wären ein ständiger Störungsherd in den Bemühungen gewesen, den Lernprozeß in kontrollier- und planbaren Phasen durchzuführen. Als ein weiterer Vorteil des programmierten Unterrichtes, auf dessen Realisierung seinerzeit die gesamten Aktivitäten der reformierenden Pädagogen ausgerichtet waren, war der Aspekt der Individualisierung des Lerntempos der Schüler. Unabhängig sollten die Schüler ihre Lernschritte anhand des vorgegebenen Programmes selber bestimmen können. Gerade dieser letzte Punkt, der – wenn er realisiert worden wäre – vieles an der heutigen Bildungsmisere hätte korrigieren können, ist am wenigsten auf handlungsfähige Weise in die Realität umgesetzt worden.

Gescheitert sind die Reformer an derselben Ursache, die auch Ursache des Scheiterns der gesamten Reformen war. Die Komplexität der Programme, nach denen gelernt werden sollte, entsprach in keiner Weise der Komplexität der Begabungsvielfalt der Kinder. Komplexität bedeutet hier auf der einen Seite die Summe aller Möglichkeiten im Lernverhalten von Kindern; auf der anderen Seite die Summe der Möglichkeiten von Lernverhalten, die in den Programmen berücksichtigt sind und auch berücksichtigt werden können. Da die menschliche Vielfalt nun einmal nicht in Lernprogrammen berücksichtigt werden kann, entstand ein sogenanntes Komplexitätsgefälle. Ein Komplexitätsgefälle entsteht immer dann, wenn man mit eingeschränkten Mitteln etwas bewältigen will, das eigentlich ein mehrschichtiges und differenziertes Verfahren erfordert hätte, um das zu konkretisieren (die Zahlen sind dabei völlig willkürlich, weil niemand weiß, wieviele Lerntypen es bei Kindern gibt). Es war ungefähr so, als wenn 100 verschiedenen Typen des Lernens Lernprogramme gegenüberstanden, in denen nur 10 berücksichtigt worden waren. Das Komplexitätsgefälle wurde – wie immer bei der Realisierung der Reformen – durch den Abbau von Entwicklungschancen von Kindern, für deren Lernverhalten in den Programmen kein Raum war, beseitigt. Dabei waren die Voraussetzungen vom Stand der wissenschaftlichen Forschung seinerzeit gerade in diesem Bereich durchaus da, um eine andere Entwicklung einleiten zu können.

Ein konsequenter Ausbau des Individualisierungsaspektes im programmierten Unterricht hätte vieles vermieden, was heute Lernen zu einer endlosen Quälerei oder Langeweile im Unterricht verkommen läßt. Aber gerade die Unterdrückung dieses Elementes in der konkreten Umsetzung war kein Zufall. In letzter Konsequenz wollten die Reformer ja gar keine individuelle Entwicklung und Entfaltung, sondern Kontrolle über Entwicklungen. So ist es auch kein Zufall, daß die Entwicklung des programmierten Unterrichtes bis zur Anwendungsreife in den Schulen immer mehr unter den Einfluß der Zurichter des Menschen wie Pawlow und vor allem Skinner geriet. Insbesondere Skinner hat bei dem, das heute in den Schulen praktiziert wird und nach dem ein wachsender Teil der Kinder nicht mehr lernt, Pate gestanden. B. F. Skinner zeigte den Weg auf, nach dem Kontrolle und Planbarkeit des Lernens aus der Sicht derjenigen, die die Macht ausüben, jederzeit gewährleistet waren und eine individuelle Entfaltung eines Kindes garantiert unmöglich wurde.

Es ist schon erstaunlich, daß niemand merkte, wie weit mit dem Schritt zu Skinner die Reformer sich von ihren eigenen Idealen entfernten. Denn Ausgangspunkt der Reformbemühungen seinerzeit war ein Lernbegriff, wie er beispielsweise von Heinrich Roth entwickelt worden war und der in seinen Intentionen im völligen Gegensatz zu dem steht, das heute in den Schulen praktiziert wird. Folgendes Zitat wurde in den sechziger Jahren in nahezu allen Vorlesungen, Seminaren und Publikationen zur Umschreibung des Phänomens Lernen herangezogen:

«Pädagogisch gesehen bedeutet Lernen die Verbesserung oder den Neuerwerb von Verhaltens- und Leistungsformen und ihren Inhalten. Lernen meint aber meist noch mehr, nämlich die Änderung bzw. Verbesserung der diesen Verhaltens- und Lei-

stungsformen vorausgehenden und sie bestimmenden seelischen Funktionen des Wahrnehmens und Denkens, des Fühlens und Wertens, des Strebens und Wollens, also eine Veränderung der inneren Fähigkeiten und Kräfte, aber auch der durch Fähigkeiten und Kräfte aufgebauten inneren Wissens-, Gesinnungs- und Interessenbestände des Menschen. Die Verbesserung oder der Neuerwerb muß auf Grund von Erfahrung, Probieren, Einsicht, Übung oder Lehre erfolgen und muß dem Lernenden den künftigen Umgang mit sich oder der Welt erleichtern, d. h. sich selbst besser in die Welt hineinzuleben, und das Lernen muß ihm auch helfen, die Inhalte und Forderungen der Welt angemessener zu verstehen und zu erfüllen, d. h. ihnen besser gewachsen zu sein. Wir hoffen nach dem gelungenen Abschluß eines Lernprozesses, daß wir gleiche, ähnliche und neue Aufgaben des Lebens besser lösen können. Lernen umfaßt aber auch den Abbau von Verhaltens- und Leistungsformen, die dem Lernenden den Umgang mit sich oder der Welt erschweren, beengen oder verflachen.»[27]
Wahrnehmen, Fühlen, Denken, Erfahrungen, Probieren, Einsicht usw., hierum sollten sich Lernprozesse gruppieren. Lernen war ein die ganze Persönlichkeit erfassender Prozeß. Was ist davon übriggeblieben? Betrachtet man die heutigen Unterrichtsmaterialien und Schulbücher, so kommt man zusammenfassend zu dem Schluß, daß der Schüler durch bestimmte Vorgaben zu voraussehbaren und folglich planbaren Verhaltensweisen und Reaktionen veranlaßt werden soll und auch in Zukunft auf ähnliche Vorgaben sich ebenso verhält bzw. reagiert. Er lernt und verinnerlicht, was ihm vorgegeben und wie es ihm vorgegeben wird. Die Vorstellung vom die ganze Persönlichkeit erfassenden Lernprozeß bekommt eine völlig neue Bedeutung. Jetzt ist nicht mehr ein vom Kind zumindestens teilweise selbst ausgestalteter Prozeß gemeint, an dem Fühlen und Empfinden teilhaben, sondern Wahrnehmen, Reagieren, Probieren und Einsicht erfolgen ausschließlich nach von außen vorgegebenen Kriterien. Die ganze Persönlichkeit wird nur noch insoweit erfaßt, als bei «erfolgreichen» Lernprozessen das Verhalten der Schüler voraus-

sehbar ist. Solange Lernen noch ein Prozeß war, der die «inneren» Fähigkeiten eines Schülers so ausgestalten sollte, daß er sich in der Welt besser zurechtfinden würde, konnten erfolgreiche Lernprozesse dazu führen, daß das Verhalten eine gewisse Eigenständigkeit gegenüber der Plan- und Voraussehbarkeit behält.

Lernen bei Menschen und damit auch bei Kindern wurde nach dem Begriff von Heinrich Roth noch als ein Prozeß gesehen, der die Besonderheit des Menschseins berücksichtigen muß. Das war sicherlich in der Schulwirklichkeit der fünfziger und sechziger Jahre auch nicht gewährleistet gewesen. Aber Lernen konnte von Schülern mit Einschränkungen auf eine ihnen gemäße Art bewältigt werden. Heute ist Lernen für Kinder eine ihnen sinnlos erscheinende Quälerei geworden. Ursache hierfür ist, daß der programmierte Unterricht (die Grundannahmen dieser Lernvorstellung prägen heute den Unterricht in den Schulen, obwohl der Begriff programmierter Unterricht nicht mehr gebraucht wird) auf die Lernexperimente Skinners zurückgeführt werden muß.

Für Skinner erfolgt Lernen in möglichst kleinen Schritten, die – wenn möglich – im ersten Anlauf bereits fehlerfrei bewältigt werden können, und bei jeder richtigen Lösung erfolgt eine Belohnung oder positive Bekräftigung von außen. Der amerikanische Ausdruck hierfür, den jeder Lehramtsstudent Ende der sechziger Jahre mit gewichtiger Miene vorzutragen wußte, lautet «Reinforcement». Das Denkmodell, das diesen Vorstellungen vom Lernen zugrundelag und das immer wieder in Experimenten erprobt wurde, war die Futtergabe bei der richtigen Reaktion oder Verhaltensform eines Tieres als Verstärkung des Lernprozesses. An dieser Stelle wird die für das gesamte Denken Skinners zentrale Grundannahme deutlich. *Für Skinner unterscheiden sich Lernprozesse beim Menschen kaum von denen bei Tieren.* Wäre diese Grundannahme richtig, würde heute in den Schulen optimal gelernt werden. Dem soll hier aber die These entgegengestellt werden, daß die Maßgaben, nach denen heute in den Schulen gelernt wird, tatsächlich besser für Tiere geeignet sind. Bei Kindern zerstören sie all das, was eigentlich Menschen von Tieren unterscheidet.

Es stellt sich jetzt die Frage, was eigentlich dem Menschen wesensmäßig ist, was ihn vom Tier unterscheidet und was er mit den Tieren gemeinsam hat. Zur Beantwortung dessen eignet sich immer noch die von *Max Scheler* entwickelte philosophische Anthropologie. Scheler unterscheidet fünf Stufen im menschlichen Sein:[28]

«Die unterste Stufe des Psychischen – zugleich der Dampf, der bis in die lichtesten Höhen geistiger Tätigkeit alles treibt, auch noch den reinsten Denkarten und zartesten Akten lichter Güte die Tätigkeit liefert – bildet der bewußtlose, empfindungs- und vorstellungslose *Gefühlsdrang*.» Er ist das psychische Urphänomen des Lebens, durch ihn unterscheidet sich anorganisches vom organischen.

Auch auf der zweiten Stufe im Aufbau des menschlichen Seins – dem «*instinktiven Verhalten*» – unterscheidet sich der Mensch noch nicht vom Tier. Instinktiv ist für Scheler ein Verhalten, das sinngemäß ist, d. h., es muß so sein, daß es für das Ganze des Organismus eine notwendige und damit sinngemäße Aufgabe übernimmt. Gleichzeitig muß es nach einem festen, unveränderlichen Rhythmus ablaufen.

Diese beiden untersten Stufen im menschlichen Sein besagen, daß die Menschen die gleichen biologischen Wurzeln wie das gesamte andere Leben auf der Erde haben. Sie sind die Urformen pflanzlichen Lebens (gefühlloser Drang und eingeschränkte Instinkte) und tierisch-menschlichen Lebens (gefühlloser Drang plus Instinkt). Für die eigentlichen Lernprozesse haben sie nur eine untergeordnete Bedeutung. Lernen beginnt erst auf der nächst höheren Stufe, die Scheler als das «*assoziative Gedächtnis*» bezeichnet hat. Dies ist die Ebene des gewohnheitsmäßigen Verhaltens, des «bedingten Reflexes». Hier wird Verhalten aufgrund von Erfahrungen, «Selbstdressur» oder «Fremddressur» verändert. Die Grundlage des assoziativen Gedächtnisses ist der von *Pawlow* so benannte bedingte Reflex. Auf dieser untersten Stufe des Lernens unterscheiden sich die Lernprozesse beim Menschen nicht von denen bei Tieren. Ivan Petrowitsch Pawlow führte seine grundlegenden Experimente mit Hunden aus. Die «klassische Konditionierung» – so wird Lernen auf dieser Stufe genannt – geht davon aus, daß bestimmte Signale, die regelmäßig in Verbindung mit bestimmten Vorgängen auftreten, dazu führen, daß bei Auftreten des Signals automatisch die entsprechenden Reaktionen und Verhaltensweisen ablaufen. Pawlow ging nach folgendem Schema vor: Kurz bevor dem Hund Nahrung gereicht wurde, bekam er ein Signal (z. B. das Aufleuchten einer Lampe). Nach mehreren Versuchen konnte über ein Prüfröhrchen in der Wange des Hundes auch dann Speichelausscheidungen gemessen werden, wenn zwar ein Signal gegeben worden war, aber keine Nahrung gereicht wurde. Der Hund hatte gewohnheitsmäßig bzw. reflexartig gelernt, das Aufleuchten einer Lampe mit der Futtergabe zu verbinden, was wiederum zu automatischen körperlichen Reaktionen führte.

Diese klassische Konditionierung ist in der heutigen Schulsituation in der Regel in negativer Weise nachweisbar. Leistungsanforderungen, die gegen die Grundregel des Unterrichtes, nach der im Unterricht Selbsttätigkeit der Schüler und Anschaulichkeit der Unterrichtsgegenstände gefordert sind, verstoßen, bewirken bei Kindern Unlustreaktionen. Jedesmal, wenn an Kinder stumpfsinnige rationalisierte Leistungsanforderungen herangetragen werden (hierzu gehören beispielsweise das Silbenlesen im Erstleselehrgang, aber auch Multiple-choice-Tests), reagieren gerade kreative und phantasievolle Schüler mit Langeweile und Unlust. Kommt es – was naheliegend ist – durch diese Reaktionen auch noch zu Mißerfolgen, verbinden sich alsbald Langeweile und Streß in den Reaktionen. Die Reaktionen bewegen sich dann auf einem Kontinuum von Langeweile und Streß. Irgendwann ist insbesondere bei psychisch nicht übermäßig robusten Kindern der Punkt erreicht, daß sie auf bestimmte Unterrichtssituationen, die für das assoziative Gedächtnis Signalcharakter haben, mit einer Blockierung in ihrem Denkapparat reagieren. Langeweile, Unlust und Mißerfolgserlebnisse haben zur Herausbildung eines bedingten Reflexes geführt, der automatisch das Denken abschaltet, wenn bestimmte Signale auftreten. Von dem Punkt an gelten sie als lernbehindert.

Das assoziative Gedächtnis bewirkt mechanische Reaktionen und Verhaltensweisen, die vom Bewußtsein (der höheren Stufe im psychischen Leben) nicht kontrolliert werden können. Die ansteigende Anzahl «blockierter» Kinder und von Schülern, die sich der Schule innerlich verweigern, zeigt an, daß die Grundlagen des Lernens nicht mehr kindgemäßen Prinzipien folgen, sondern allenfalls noch erwachsenengemäß sind. Anschaulichkeit der Unterrichtsgegenstände und die Wiedereinsetzung der Welt als Schule der Menschen können auf dieser Ebene des Lernens Verweigerungen beheben bzw. diese umgehen. Das folgende Beispiel wird dies verdeutlichen:

Die Lehrerin Sylvia Ashton-Warner unterrichtete Maori-Kinder in Neuseeland. Diese Kinder widersetzten sich innerlich schulischen Anforderungen, die ihrem eigenen kulturellen Hintergrund fremd waren. Insbesondere Lesenlernen bereitete extreme Schwierigkeiten. Ashton-Warner umging die Widerstände, indem sie die Lernprozesse von den Kindern selbst organisieren ließ. Die Kinder nannten anfänglich ein Wort, das von der Lehrerin in Blockschrift auf eine Karte geschrieben und dem Kind gegeben wurde. Bald bildeten die Kinder Sätze um die Worte herum, die sie auch behielten, da sie ihrer Welt entstammten und folglich für sie sinnvoll waren. Die Lerninhalte wurden von jedem einzelnen Kind selbst bestimmt. Das galt auch für das Lerntempo, da die Kinder ihren Wortschatz allmählich selbst aufbauten. Die so einmal verinnerlichten Worte und Sätze wurden nie vergessen. Ashton-Warner faßte diese Erfahrungen wie folgt zusammen: «Der Antrieb kommt nicht mehr von dem Lehrer, sondern von den Kindern selbst ... Der Lehrer schwimmt endlich nicht mehr gegen den Strom, sondern mit ihm: dem Strom der unerbittlichen Kreativität von Kindern.»[29]

Die Maorikinder wurden mit Anforderungen konfrontiert, die sie ablehnten und die in ihnen Unlust hervorriefen. Dennoch kam es nicht zu Verweigerungen, da die Anforderungen mit ihrer eigenen Welt verknüpft wurden, nicht beziehungslos daneben standen. Sie konnten darüber hinaus die Lernprozesse selbst steuern und wurden nicht nach einem Schema abgerichtet. Und – was mit von zentraler Bedeutung war – sie konnten mit einer Lehrerin kooperieren, die sich jedem Kind gegenüber verantwortlich fühlte. Widerstand, der langfristig zu Blockaden führt, wurde in den gewohnheitsmäßigen Reaktionen des assoziativen Gedächtnisses durch die auf die Bedürfnisse dieser Kinder zugeschnittene Methode allmählich durch Zustimmung ersetzt, die Lernmotivation als bedingte Reflexe freisetzte. Hiergegen wird in den Schulen in der Bundesrepublik am häufigsten verstoßen. Ja, man sieht es hier sogar als tugendhaft an, wenn die Kinder auch unlusterregende Anforderungen in sich hineinwürgen. Da wird, wie so oft in solchen Fällen, der zweite Schritt vor dem ersten getan. Erst einmal muß die emotionale Bereitschaft zum Lernen geweckt werden; die Fähigkeit auch etwas gegen innere Widerstände zu tun, sollte man allmählich in eigener Verantwortung des Heranwachsenden reifen lassen. Die in diesem Zusammenhang oft verkündete These «Aber uns hat das doch auch nichts geschadet!» beruht auf einem Irrtum, da in ihr emotionale Verarmung mit Tugend verwechselt wird.

Das assoziative Gedächtnis – so kann abschließend zu diesem Punkt festgehalten werden – ist die psychische Verarbeitung positiver und negativer Erfahrungen. In ihm ist noch keine Intelligenz, keine Wahlfreiheit vorhanden. Die gewohnheitsmäßigen Reaktionen unterliegen keiner bewußten Kontrolle. Deswegen sind die einmal eingeschliffenen Blockaden auch kaum zu beheben.

Intelligenz tritt erst auf der nächst höheren Stufe – der *«praktischen Intelligenz»* – auf. Diese kann auch als Werkzeugintelligenz bezeichnet werden. Die praktische Intelligenz ermöglichte die Entwicklung der Technik, aber sie kennt noch keine Vernunft. Menschen können mit ihrer praktischen Intelligenz unter Abwägung verschiedener Alternativen bei der Lösung von Problemen effizient handeln, ein der Situation angemessenes Handlungsinstrument entwickeln. Mit gewissen Einschränkungen können dies Tiere auch, so daß die objektbezogene, effiziente Handlungsfähigkeit die Menschen nach Scheler noch nicht prinzipiell vom Tier unterscheidet. Scheler führt hier an, daß zwischen einem Schimpansen und Edison, diesen nur als Techniker genommen, nur ein – allerdings sehr großer – gradueller Unterschied besteht.

Auf der Ebene der praktischen Intelligenz setzt die Lerntheorie *Skinners* an, mit seinen Experimenten wollte er die Voraussetzungen dafür schaffen, daß diese Fähigkeiten optimiert werden. Die nach ihm so genannte operante Konditionierung des Verhaltens steuert diese in kleinen, positiv verstärkten Schritten in ewünschte Richtungen. Das Problem eventueller affektualer der emotionaler Widerstände versucht er – entsprechend seinem eigenen technokratischen Weltbild – durch positive Verstärkungen zu lösen. Positive Verstärkungen sollen in den Lernprozessen den Verlust des Kindgemäßen kompensieren. Skinner verbindet Lernen ausschließlich mit Effizienz und Optimierung von instrumentell verwertbarem Wissen. Er geht in seinen Grundannahmen, die menschliche Freiheit ausschließen, davon aus, daß sich Phantasie, Kreativität und Vernunft abschalten lassen und daß sich im assoziativen Gedächtnis gebildete Blockaden mit technokratisch konzipierten Mitteln beseitigen lassen. Skinner liefert mit seiner Lerntheorie den Bildungsreformen das Handlungswissen, das sie benötigten, um ihre Zielvorstellungen in Realität umsetzen zu können. Die Resultate sind bekannt, denn Kinder lassen sich nun einmal nicht wie Hunde und Ratten abrichten. Zwar ist es eine wesentliche Aufgabe der Schule, die praktische Intelligenz zu fördern, aber nicht in Isolierung von dem, was die eigentliche menschliche Sonderstellung ausmacht.

Das, was die Sonderstellung des Menschen ausmacht, für ihn wesensmäßig ist, steht nach Scheler hoch über dem, was man Intelligenz und Wahlfähigkeit nennt, und ist auch nicht zu erreichen, wenn man sich diese bis ins Unendliche gesteigert vorstellt. Die Wesenstatsache des Menschen ist für Scheler «Geist», sie macht den Menschen weltoffen, ermöglicht es ihm, zu sich selbst in Distanz zu gehen, seine eigene Beschaffenheit zum Gegenstand abwägender und kritischer Reflexion zu machen. Scheler versteigt sich in diesem Zusammenhang zu der Behauptung, daß Geist ein dem bisherigen Leben entgegengesetztes Prinzip ist, das überhaupt nicht mehr auf die natürliche Lebensevolution zurückgeführt werden kann. Das ist nicht haltbar. Richtig ist vielmehr, das mit dem reflexiven Geist und dem Denkvermögen, das sich ein Bewußtsein über das eigene Tun zu schaffen vermag, eine Stufe im Menschen erreicht ist, die zwar evolutionär entstanden, aber aus den Bedingungen biologischer Entwicklungen herausgewachsen ist. Sie erst hat dem Menschen Vernunft, Phantasie und hierin wurzelnde Urteilskraft gebracht.

Geist ist «umweltfrei», er hat in einem bestimmten Entwicklungsstadium den Schritt vom Bedingten zum Unbedingten vollzogen, d. h., er kann die Maßstäbe, nach denen er seine Umwelt betrachtet und wie er auf diese reagiert, selber festsetzen. Geist ist das einzige Unbedingte auf der Welt. Er hat die menschliche Vernunft und kritische Urteilskraft hervorgebracht. Gleichzeitig aber auch menschenverachtende Ideologien und totalitäre Schreckensregime. Er ist Chance, da er die Realisierung einer Welt nach selbstgeschaffenen Idealen ermöglicht; er bedeutet aber auch Gefährdung, da die Menschen bei der Nutzung des Geistprinzips völlig auf sich gestellt sind; d. h., ohne eine von Menschen selbst geschaffene Ethik kann es jederzeit ein Instrument des Bösen werden. Die Natur hat hier etwas hervorgebracht, das über sie hinausgewachsen ist.

Welche Bedeutung hat dieses einmalige, im Menschen realisierte Prinzip in der heutigen Schulwirklichkeit? Gerade beim Lernen sollte ihm eine zentrale Rolle zukommen. Skinner und Pawlow setzen mit ihren Konditionierungsbemühungen jedoch auf den Ebenen an, auf denen der Mensch sich noch nicht vom Tier prinzipiell unterscheidet. Lernen in den Schulen erfolgt nach Maßgaben, die das Geistprinzip ignorieren – zumindesten soweit es sich um die Entfaltung dieses Prinzips handelt. In diesem Zusammenhang ist ein Funktionswandel des Lernens von Bedeutung. Im traditionellen Schulsystem war die Vermittlung instruktiven Wissens über die Welt oberstes Ziel. Zwar wurden auch bürgerliche Tugenden nach den Methoden der Schwarzen Pädagogik eingeübt, aber Wissensvermittlung blieb zumindestens an den höheren Schulen das oberste Ideal. Wissen ist das Material, das der reflexive Geist benötigt, um sich entfalten zu können. Über instruktives Wissen kann er die Welt gegenständlich erfassen, ordnen und seine Urteilsfähigkeit schulen. Er kann dadurch im menschlichen Selbst zu einer kritischen Instanz werden, die sich externen Manipulierungsversuchen zu entziehen vermag. Der einzelne bleibt gegenüber den Machenschaften seiner Artgenossen «umweltfrei». Diese kritische Instanz stand den Absichten der Bildungsreformer, Lernen in von außen kontrollierbaren und planbaren Phasen durchzuführen, entgegen. Sie wäre, wenn sie nicht beseitigt worden wäre, ein ständiger Krisenherd bei der Durchführung der Reformen geblieben. Erste Aufgabe der Reformer war folglich, den menschlichen Geist, der im Kind sich entfaltet, wieder soweit Bedingungen unterzuordnen (das Unbedingte wieder soweit wie möglich auf die nächst niedrigere Seinsstufe herabzuführen), daß seine Entwicklung nicht zu unvorhergesehenen Abweichungen vom Angestrebten führt. Inwieweit die Zivilisationsingenieure in den Kulturbürokratien seinerzeit wußten, was sie taten, weiß man nicht. Aber sie haben es getan.

Die Herabstufung der Wissensvermittlung im Unterricht zu einer zweitrangigen Angelegenheit bei gleichzeitiger Aufwertung sozialen Lernens war die Maßnahme, die die Entwicklung einleitete, nach der Lernen nicht mehr eine Entfaltung, sondern eine kontrollierte Eindämmung des kindlichen Geistes bewirken sollte. Denn Wissen ist Nahrung für den Geist und kann immer unvorhersehbare Entwicklungen herbeiführen. Aber gezielte Erziehung zur bloßen gemeinschaftlichen Orientierung sind Unterordnung des Geistes unter eine Ideologie. Der Geist wird damit beschäftigt, Ideologien anzuerkennen. Sein Reflexionsvermögen wird in die innere Ausrichtung von Ideologien eingebunden. Er lernt zu rechtfertigen, was ihn selbst an seiner Entfaltung hindert.

Lernen ist in der heutigen Schulwirklichkeit zu einem Prozeß verkommen, in dem die höchste Stufe im menschlichen Sein – der reflexive Geist – weitgehend ausgeschaltet ist. Kreativität, Phantasie, Urteilsfähigkeit und Vernunft müssen in den «Lernprozessen» vom einzelnen konsequent unterdrückt werden, wenn er nicht scheitern will. Eltern eines kreativen und phantasievollen Kindes sind gezwungen, ihr Kind möglichst früh (spätestens im 3. Lebensjahr) staatlicher Sozialerziehung zu unterwerfen, wenn dieses später nicht zum Schulversager werden soll. Dort wird es «richtig» konditioniert und lernt «richtig» auf Anforderungen zu reagieren. Dadurch wird zwar alles, was seine kleine Persönlichkeit in unverkennbarer Weise ausmachte, zerstört, aber – wenn es psychisch robust genug für eine Umkonditionierung ist – wird es kein Schulversager werden.

Was ist Lernen heute? Die Entwicklung der Fähigkeit, auf Anforderungen «richtig» zu reagieren. Auf diese Weise wird ein riesiges Heer beliebig austauschbarer Arbeitsbienen geschaffen.

Auf der Ebene des assoziativen Gedächtnisses werden über entsprechende Konditionierungen die richtigen Einstellungen eingeschliffen. Hier lernt das Kind direkten Umweltdruck in Einstellungen (bedingte Reflexe) umzusetzen, die es nahtlos mit seiner Umwelt verschränken.

Auf der nächst höheren Ebene – der praktischen Intelligenz – werden Fähigkeiten trainiert, die eine Übernahme eingeschränkter Funktionen in der Gesellschaft später ermöglichen sollen.

Die höchste Stufe – der reflexive Geist – ist beim Lernen in den Schulen direkt nicht berücksichtigt. Seine Fähigkeiten würden «erfolgreiches Lernen» stören. Offen bleibt in diesem Zusammenhang die Frage: Wo, wie und was sollen eigentlich diejenigen lernen, die in der Gesellschaft einmal in verantwortlicher Weise andere als technische, nämlich Vernunft erfordernde Entscheidungen fällen sollen? Die Vernunft und Kreativität entwikkeln müssen, um den drängenden Problemen gewachsen zu sein! In der heutigen Schulwirklichkeit ist für die Entfaltung der entsprechenden Qualifikationen kein Platz. Aber das dürfte der regierenden und der opponierenden Mittelmäßigkeit nur recht sein.

Wenn man die heutige Bildungswirklichkeit für Kinder verstehen will, muß man sie als ein Resultat aus ursprünglich durchaus «guten Absichten» sehen, deren Gutes allerdings durch die ideologischen Bindungen ihrer Verfechter von vorneherein eingeschränkt wurde und die endgültig ins Negative umschlugen, als die reformerischen Aktivitäten sich von ihren Ursprüngen lösten. Welche Konsequenzen sich aus dem letzten Punkt ergaben, soll im folgenden untersucht werden.

2. Fördern, «begaben», abrichten

Zentrale Zielsetzung der Bildungsreformer war, Verhalten, Leistungsvermögen und Einstellungen von Kindern durch eine gezielte Förderung in positiver Weise zu beeinflussen. Ihre Legitimation bezog diese Zielsetzung seinerzeit aus der Annahme, daß eine anregende Umwelt die Leistungsfähigkeit eines Individuums zu steigern vermag. Das schulische Leistungsvermögen wurde als etwas eingestuft, dessen Entwicklung weniger von den Anlagen als von der Umwelt abhängig ist. Es wurde als genetisch schwach kontrolliert eingestuft. Also ging man davon aus, daß es durch gezielte, anregend wirkende Umweltveränderungen zu beeinflussen sei. Zusätzliche Legitimation bekam diese Annahme dadurch, daß die durch zahlreiche Studien belegten Mängel in der Grundqualifikation von Arbeiterkindern nicht durch vererbte mindere Anlagen zu erklären waren, sondern allenfalls auf eine insgesamt wenig stimulierende Umwelt zurückgeführt werden konnten. Diese soziale Benachteiligung sollte durch den Ausbau schulischer Förderung behoben werden.

Solange Förderung auf konkret umrissene und eingegrenzte Bereiche beschränkt blieb, konnten hiervon auch durchaus günstige Auswirkungen auf schulische Leistungen erwartet werden. Das gilt unabhängig davon, ob Intelligenz nun zu den genetisch stark oder schwach kontrollierten Variablen gehört – mit anderen Worten: ob nun die Anlage oder die Umwelt der entscheidende Faktor bei der Ausbildung der intellektuellen Fähigkeiten ist. Diese Frage ist nicht entscheidbar, sie wird dem Zeitgeist entsprechend in den verschiedenen Epochen unterschiedlich ausgelegt. In der Aufbruchsstimmung der sechziger Jahre wurde mit «wissenschaftlicher Objektivität» belegt, daß der Umwelt mehr Gewicht zuerkannt werden muß. Nach der sogenannten konservativen Wende wird mit gleicher «wissenschaftlicher Objektivität» belegt, daß die Anlagen Vorrang bei der Ausbildung dessen, das man meint als Intelligenz bezeichnen zu müssen, haben. Es ist offensichtlich unvermeidlich, daß die Vertreter der Wissenschaftsdisziplinen, die in diesem Zusammenhang federführend sind (beispielsweise Soziologie, Psychologie, Pädagogik) eher vom Zeitgeist erfaßt, geprägt und verändert werden, als Zeitströmungen zum Gegenstand ihrer Analyse zu machen. Sie besitzen den nötigen Opportunismus, um immer auf der «richtigen» Seite zu stehen. Aber unabhängig von den moralischen Qualifikationen der Vertreter bestimmter Wissenschaftsdisziplinen war die damalige Zielsetzung, die soziale Förderung auszubauen, durchaus sinnvoll und gegenüber den bestehenden Problemen angemessen, solange sie auf ihre eigentliche Aufgabe – beispielsweise die Behebung milieubedingter Mängel in der Entwicklung – beschränkt blieb.

Ein sinnvolles Handlungsinstrument blieb sie allerdings nur in den ersten Konzepten, denn in der Euphorie der Aufbruchsstimmung fragte niemand mehr nach den Grenzen sozialer Förderung. Diese wurde vielmehr als Kernstück der neuen Pädagogik für alle Kinder verpflichtend, unabhängig davon, ob die Förderungsmaßnahmen für die einzelnen Kinder überhaupt positive Effekte haben können. Das den Förderungsprogrammen zugrundliegende Wissen und die dahinterstehenden Wertideen wurden zu allgemeingültiger Wahrheit erklärt, auf deren Basis das gesamte Bildungswesen umgestaltet wurde. Wenn man heute nach einem Bezugspunkt sucht, der allen Maßnahmen und Entwicklungen in unserem Bildungswesen Orientierung und Grundlage gibt, dann sind dies die Maßgaben, die mit dem Handlungsinstrument «soziale Förderung» verbunden werden.

Kinder und Eltern werden mit den allgegenwärtigen Ansprüchen sozialer Förderung konfrontiert, denen sie sich kaum noch entziehen können, auch wenn dem Kind dadurch geschadet wird. Interessant ist in diesem Zusammenhang der Bedeutungswandel, den die Vorstellung von sozialer Förderung und sozialer Benachteiligung in den letzten 25 Jahren erfahren hat. Sozial benachteiligt galten Kinder, die einem Milieu entstammten, das sie in ihrem gesamten Lern- und Leistungsverhalten nicht hinreichend stimulierte und das darüber hinaus die Sprach- und Ausdrucksfähigkeit nicht angemessen schulte. Sie hatten Defizite in ihren Grundqualifikationen, denen man mit einer gezielten Förderung begegnen wollte. Heute wird soziale Benachteiligung kaum noch mit Schichtzugehörigkeit verbunden. Ein Kind gilt jetzt als sozial benachteiligt, wenn es nicht zum frühest möglichen Zeitpunkt in eine Kinderbewahranstalt gekommen ist, weil es dann nicht genügend gefördert ist. Es hat dann nicht genügend Impulse von außen bekommen, um ein systemgerechter Einheitsmensch zu werden.

Förderung als sinngebende Zielsetzung, nach der das Schulsystem gestaltet wird, besitzt keine Zukunft mehr. In ihrem Namen werden immer mehr Kinder ins Abseits befördert. Aus der ursprünglichen Idee, die Begabung von Kindern durch stimulierende Einflüsse von außen zu fördern, ist ein starrer und rigider gehandhabter Entwicklungsrahmen geworden, innerhalb dessen die Förderlinge in überprüf- und kontrollierbarer Weise entwikkelt werden können. Das eherne Gesetz der Verselbständigung menschlicher Handlungsinstrumente von ihren ursprünglichen Zielsetzungen weg und die daraus folgende Pervertierung der Zielsetzung in der Praxis hatte sich auch hier wieder bewahrheitet. In seinen grundlegenden Positionen war das Konzept Förderung gegen einen statischen Begabungsbegriff gerichtet.

Heute sind an die Stelle eines statistischen Begabungsbegriffes starre und rigide Förderungsschemata getreten. Für die Kinder ist ein Übel durch ein anderes abgelöst worden. Nur die Ideologien, mit denen die Bildungspolitiker ihr Tun absegnen, haben sich geändert.

Faßt man die damalige Diskussion und die Literatur zu dieser Problematik einmal zusammen, so wird folgende Ausgangsposition erkennbar: Untersuchungen mit eineiigen Zwillingen hatten ergeben, daß bestimmte Anlagen, Neigungen und die allgemeine Intelligenz, auch Begabung genannt, in weitem Maße von den Anlagen abhängen. Dieses für die Reformer nicht sehr ermutigende Ergebnis wurde in ihrem Sinne durch andere Untersuchungen korrigiert. Denn diese zeigten, daß die Schulleistungen sehr stark vom Herkunftsmilieu geprägt wurden. Die richtige Schlußfolgerung hieraus war, daß die Umwelt anlagebedingte Möglichkeiten unterdrücken kann und daß relativ große Spielräume für eine Förderung des schulischen Leistungsvermögens vorhanden waren.

So weit, so gut. Nur wurde in der weiteren Entwicklung aus dem statischen Intelligenzbegriff, der es den Privilegierten ermöglichte, ihre Privilegien auch noch mit den Vererbungsgesetzen zu legitimieren, allmählich ein Begriff, der Intelligenz zu einer durch äußere Bedingungen herstellbare Größe erklärte. Die Kinder, bei denen sich Intelligenz nicht herstellen ließ, wurden als minderbegabt eingestuft. Wie es zu dieser Entwicklung, der wir einen nicht unerheblichen Teil des heutigen Schulelendes verdanken, kam, soll im folgenden untersucht werden.

Im Mittelpunkt der Diskussion stand seinerzeit die Anlage-Umweltproblematik. Die bis dahin dominierenden statischen Vorstellungen von Intelligenz mußten soweit modifiziert werden, daß gezielte Intelligenzförderung möglich erscheinen mußte. Nun gehört die Forschung zum Verhältnis von Anlage und Umwelt bei der Begabungsentwicklung zu den extrem zeitgeistabhängigen Richtungen; d. h. die Forscher liefern willig die Ergebnisse, die in die politische Landschaft passen.

Etwas vereinfacht kann man festhalten, daß bis zu den Bildungsreformen bei der Deutung des Zusammenwirkens von Anlage und Umwelt das sogenannte exklusive Modell galt. Dies besagt, daß bei den sogenannten instinktiven Verhaltensweisen allein die Anlage für die Ausbildung der Fähigkeiten verantwortlich ist. Bei den darüber hinausgehenden, nicht instinktgebundenen Verhaltensweisen sind die für dieses Verhalten notwendigen Voraussetzungen in den Anlagen genetisch festgelegt. Durch Umwelteinflüsse können nur geringfügige Veränderungen herbeigeführt werden. Die Bandbreite möglicher Spielräume für Veränderungen ist durch die Anlagen vorgegeben.

Dieses wissenschaftliche Modell vermochte dem Anspruch nach Reformen wenig Durchsetzungskraft zu geben. Es segnete eher den Status quo ab. Es galt den anregenden und fördernden Einfluß der Umwelt besser herauszuarbeiten. Das gelang in einem wissenschaftlichen Modell, das in letzter Konsequenz zwar auch nichts anderes besagte, aber in einigen Nuancen und Interpretationen eher dem veränderten Zeitgeist entsprach. Vor allem aber vermochte es dem Anspruch nach Reformen etwas mehr normative Schubkraft zu vermitteln. Das war das sogenannte Wechselwirkungs- oder Interaktionsmodell. Die diesem Modell zugrundeliegende Annahme besagte, daß sich Anlage und Umwelt in ihrem Zusammenwirken und den sich daraus ergebenden Konsequenzen für das Begabungsniveau wechselseitig bedingen. Sie dürfen nicht isoliert betrachtet werden, sondern bilden einen Wirkungszusammenhang.

Was besagt dieses Modell, das ebenso wie das vorherige aus der

Tierpsychologie kommt und mit dort durchgeführten Experimenten gestützt wird? Konkret wohl doch nur, daß der Einfluß des genetisch Verankerten nicht statisch betrachtet werden soll, und daß Intelligenz eine durch die Umwelt zu beeinflussende Variable ist. Das war letztlich in dem anderen Modell auch schon enthalten. Nur wurde dort der eher statische Charakter der Begabungsstruktur in den Vordergrund gerückt, während es jetzt die Veränderungsmöglichkeiten waren. Zentrale These: Eine anregende Umwelt vermag die Intelligenz in entscheidender Weise zu fördern. Dieser These wird wohl niemand widersprechen, denn daß das damalige Schulsystem Begabtenreserven ungenutzt ließ, war eine nicht zu übersehende Tatsache.

Die Frage, wie Begabtenreserven geweckt werden könnten, war schnell beantwortet. Die Kinder sollten in den Schulen und in der Vorschulerziehung zumindestens zeitweilig gezielt einer anregenden Umwelt ausgesetzt werden. Die Idee der Förderung als zentrales Strukturprinzip des neuen Schulsystems war geboren. Daß sich Förderung alsbald in ihr Gegenteil verkehrte und keine Entfaltungsräume für brachliegende Begabungen schuf, sondern Begabungen unterdrückte, ist auf die Nuancenverschiebung in den handlungsleitenden Modellvorstellungen zurückzuführen. Das exclusive Modell hatte durch seine statischen Akzente konservativen Beharrungskräften Legitimation verschafft, das Wechselwirkungsmodell die Veränderungsmöglichkeiten in den Vordergrund gestellt.

Politische Gestaltung verlangt nach möglichst einprägsamen und einleuchtenden Bezugspunkten. Veränderung des Begabungsniveaus durch gezielte Einflußnahme von außen gehörte zu den Formeln, die im Trend der Zeit lagen und mit der tatsächlich etwas neu gestaltbar schien. Die Komplexität dieser Aufgabe vermochte in der damaligen Aufbruchsstimmung niemand zu sehen. Ihre Berücksichtigung hätte auch nur den politischen Tatendrang gebremst.

Um effizient handeln zu können, entwickelte man eine begrenzte Anzahl von Programmen zur Begabungsförderung, was darüber hinausragte, mußte sich eben den Programmen anpassen.

Begabung erfuhr in diesem Zusammenhang, damit sie behandlungsfähig wurde, einen tiefgreifenden Bedeutungswandel. Sie war keine Eigenschaft mehr, die in unterschiedlicher Ausprägung bei Kindern anzutreffen ist, sondern sie wurde etwas, das einem angetan wird. Das Eigenschaftswort begabt wurde im pädagogischen Alltag wie ein Zeitwort in der Leideform (Leideform ist hier wörtlich zu nehmen) gebraucht. Der Duden und die Rechtschreiblehren werden diesen Bedeutungswandel zwar ignorieren, aber die Kinder erfahren ihn tagtäglich. Denn sie werden in den Schulen nach Programmen «begabt», die im Namen der Wissenschaften von Leuten entworfen worden sind, die überhaupt nicht mehr wissen, wie Kinder tatsächlich sind und lernen. Durchgeführt wird die Begabung in den Schulen von Lehrerinnen und Lehrern, die der festen Überzeugung sind, nur dann können Kinder etwas lernen, wenn sie bestimmten Förderungsmaßnahmen ausgesetzt werden.

Wenn die Begabung nicht funktioniert, was immer mehr zur Regel wird, dann werden neue Programme und Förderungsmaßnahmen entwickelt. Daß man ein Kind aber nicht begaben kann, sondern allenfalls anregende Umweltbedingungen schaffen, in denen sich die Begabung in optimaler Weise entfalten kann, vermag in diesem Bildungswesen niemand mehr zu sehen. Ideologische Borniertheit und wissenschaftliche Ignoranz verhindern eine reflexive Auseinandersetzung mit den wirklichen Ursachen der Lernunlust von Kindern (Resultat der Begabungsversuche). Es ist aber auch möglich, daß diejenigen, die derzeit die Musterentwürfe für die Begabungsversuche von Kindern produzieren, selbst nicht begabt (intelligent) genug für ihre Aufgabe sind.

Aus fördern wurde ein Begaben und Abrichten von Kindern. Die Folgen für die Kinder, die in den Schulen nicht erfolgreich abgerichtet werden konnten, wurden immer gravierender. Die ersten Opfer waren die Kinder, bei denen man Legasthenie konstatierte. Anfänglich hielt man die Lese- und Rechtschreibschwäche noch für angeboren, jetzt allerdings für eine «Zivilisationskrankheit»[30], die in der Schule entsteht. Als immer mehr Kinder nicht der verordneten Normalität entsprachen, begann man die auffälligen (vom Normalmaß abweichenden) Kinder zu registrieren. Mit der Bezeichnung «auffällig» begann die Diskriminierung der Kinder. Denn gerade in Deutschland hat es eine unheilvolle Tradition, daß Menschen von «oben» auffällig gemacht werden, um sie gezielt von anderen absondern zu können. Es ist ja noch gar nicht so lange her, da wurden Menschen auffällig gemacht, indem sie einen gelben Stern tragen mußten. Heute werden immer mehr Kinder auffällig, bei denen bereits bei der Geburt durch immer verfeinertere Meßmethoden Abweichungen festgestellt werden, die dann als Auffälligkeit aktenmäßig registriert werden und die eine Einleitung von diskriminierenden Sonderbehandlungen nach sich ziehen. So werden wieder Untermenschen geschaffen. Wer meint, hier würden Dinge miteinander verglichen (Sonderbehandlung im Dritten Reich und Sonderbehandlung im modernen Wohlfahrtsstaat), die nicht vergleichbar sind, der lese gefälligst die «Banalität des Bösen» von Hannah Arendt.

3. Die neuen Untermenschen

Das reformierte bundesdeutsche Schulsystem hat einem Gespenst den Weg in das Licht der Öffentlichkeit ermöglicht. Bis in die sechziger Jahre hinein lebte es, nur wenigen «Fachleuten» bekannt, im Untergrund. Aber da seine Existenz selbst unter Experten umstritten war, beunruhigte es niemanden so recht. Dieses Gespenst heißt MCD. MCD ist die Abkürzung für minimale cerebrale Dysfunktion, und dies wiederum soll bedeuten, daß bei einem Kind im weitesten Sinne eine Hirnfunktionsänderung vorliegt, die in bewußten und unbewußten Bewegungsabläufen (Gehen, Sprechen, aber auch Hören und Sehen) zu anderen, abweichenden, z. B. verzögerten, Entwicklungsverläufen führen kann. Entscheidend für die Kinder ist, daß sie «anders» sein können oder sind. Anders, auffällig, dazu paßt in der Bundesrepublik auch heute nur noch ein Superlativ: Aussonderung, allerdings fürsorglich akzentuiert.

Hirnfunktionsänderung und MCD gehören in der Bundesrepublik zu den diskriminierenden Begriffen und Abkürzungen. Sie machen aus Menschen Untermenschen oder – wie E. v. Braunmühl formuliert – aus Kindermenschen Mindermenschen. Diese heutigen Mindermenschen waren vor gar nicht langer Zeit, als das Gespenst MCD noch weitgehend unbekannt im Untergrund weilte, ganz normale Kinder. In der Schweiz sind sie das immer noch. Dort bringt man ihr Anderssein auch nicht mit dem Gehirn in Verbindung (als wenn sie geistig behindert wären), sondern nennt sie POS-Kinder, d. h. Kinder mit einem psycho-organischen Syndrom, zu Deutsch: Spätentwickler. Sie werden von Fachkräften in ihren Familien gefördert.

Heutige MCD-Kinder wurden früher auch bei uns als *Spätentwickler* eingestuft. In jeder Schulklasse gab es einen Tolpatsch, Steifbock, Zappelphilipp etc., aber auch in größeren Familien war meist ein Kind, das ‹anders› war. Wurden diese Abweichungen von der Norm toleriert, so konnten die Kinder sich – wenn auch mit zeitlicher Verzögerung – auf eine ihnen gemäße Art der Welt anpassen und eine Leistungsfähigkeit entwickeln, die in der Regel den Anforderungen in der Schule genügte. Zu einer deutlichen Verschlechterung der Situation dieser Kinder kam es, als im Zuge der in den sechziger Jahren eingeleiteten Reformpolitik im Bildungswesen, mit denen milieubedingte Benachteiligungen behoben werden sollten, die gesamte Vorschulerziehung und Maßnahmen zur Förderung von Schülern konsequent ausgebaut wurden. Um die Zielsetzungen der Reformen auch in effizienter Weise umsetzen zu können, war es notwendig, Abweichungen vom erwünschten Normalverhalten von Kindern relativ früh zu erkennen, um gegen diese Abweichungen mit gezielten Förderungsmaßnahmen vorzugehen. So wichtig dies sicherlich bei milieubedingten Entwicklungsverzögerungen war, für

Spätentwickler bedeutete es in der Regel, daß sie jetzt als «auffällig» eingestuft wurden und ihnen ein Ausreifen ihrer Entwicklungsverzögerungen nicht mehr zugestanden wurde. Wurde ihnen nicht mit der nötigen Toleranz begegnet, bzw. gerieten sie an nicht von ihrem Fachwissen her kompetente Pädagogen, bestand für sie bereits im Vorschulalter die Gefahr, daß aus behebbaren dauerhafte Störungen im Lern- und Sozialverhalten wurden.

Noch gravierender sind für diese Kinder die Veränderungen im Schulalltag selbst. Das Hauptanliegen der Reformen, mehr Förderung zu ermöglichen, ließ es notwendig erscheinen, den Unterricht in kontrollier- und planbaren Lernphasen durchzuführen, in denen in überprüfbarer Weise eine gezielte Förderung möglich war. Dazu war es unumgänglich, das Wissensangebot einzugrenzen und die Vielfalt der Erfassungsmöglichkeiten des Unterrichtsstoffes durch die Kinder auf wenige Typen zu beschränken, in denen die Kontrolle des Lernprozesses besonders geeignet war. Diese Entwicklung wird in der Literatur als der mit den Bildungsreformen einsetzende Vereinseitigungsprozeß in den Leistungsanforderungen behandelt. Sie zog Schulversagen und eine wachsende Lernunlust bei Kindern nach sich.

Eine Folge war, daß Eltern vermehrt ihre Kinder auf Privatschulen schickten (die Expansion der Waldorf-Schulen setzte mit dem Beginn der Bildungsreformen ein) und eine ständig wachsende Anzahl Kinder die Leistungsanforderungen nur noch mit Hilfe von Nachhilfestudios bewältigen. Es wurde in den Jahren seit Beginn der Reformen aber auch unvermeidlich, bedingt durch die wachsende Lernunlust der Kinder, daß die Leistungsanforderungen in den Lehrplänen ständig herabgesetzt werden mußten.

Wir stehen heute vor der Situation, daß die Zahl der Kinder, die durch Schulstreß verhaltensauffällig werden, wächst, obwohl der Unterrichtsstoff, den sie zu bewältigen haben, deutlich reduziert wurde. Diese Form der Benachteiligung trifft alle Kinder gleichermaßen.

Für Kinder, deren Anderssein mit Teilleistungsstörungen bzw. Teilleistungsschwächen umschrieben wird, waren die Folgen aber noch wesentlich gravierender als für «normale» Kinder. Denn diese müssen die Möglichkeit haben, den Unterrichtsstoff sich auf eigenen Wegen zu erarbeiten. Diese Freiräume sind im reformierten Schulsystem abgebaut. Es bestehen so gut wie keine Chancen mehr, dem Unterrichtsstoff gegenüber ein eigenes Lernverhalten (entsprechend dem eigenen Lerntyp) zu entwickeln und auf diese Weise Anforderungen zu bewältigen. Eine Folge ist Schulversagen, da die Kinder sich verweigern, Leistungen nach einem Schema zu erbringen, das ihrer Begabungsstruktur nicht entspricht. Sonderpädagogische Betreuung, die nicht darauf ausgerichtet ist, den Kindern verlorengegangene Freiräume wieder zu verschaffen, kann eine zweifelhafte Perspektive sein. Sie läuft – wenn die Kinder robust genug sind – darauf hinaus, die Kinder mit mehr oder weniger subtilen Mitteln pädagogischer Beeinflussung auf das geforderte Muster des Wissenserwerbs einzutrainieren. Damit kann aber gerade das, das die Leistungsstruktur dieser Kinder oft auszeichnet (Phantasie und Kreativität) unwiederbringlich zerstört werden.

Es ist zur Zeit davon auszugehen, daß trotz eines Ausbaus und einer Intensivierung der Beratung und Förderung im Vorschulalter die MCD-Kinder in ihrer Beziehung zur Umwelt und in ihrem Verhalten bereits gestört sind, wenn sie in die Schule kommen. Die Ursache hierfür ist vorrangig darin zu sehen, daß Verständnis für und Anerkennung des Andersseins im Zuge einer Reformpolitik, die von der Grundannahme ausging, daß der Mensch prinzipiell bis ins letzte erklärbar sei, folglich Abweichungen von der Norm kausal behebbar seien, auf der Strecke geblieben sind. Denn gerade die durch eine MCD hervorgerufenen Abweichungen in der Entwicklung und im Verhalten können in erster Linie nur über «selbstinitiierte» Lern- und Entwicklungsprozesse korrigiert werden, von außen wirkende Maßnahmen können allenfalls unterstützend eingreifen. Abweichend von der in der heutigen Psychologie und Pädagogik vorherrschenden Grundvorstellung, nach der Verhalten nur zu verändern ist, wenn die Kinder bestimmten (von außen wirkenden) Maßnahmen ausgesetzt sind, ist hier auf Eigenentwicklungsprozesse zu setzen, und den Kindern muß die Fähigkeit hierzu auch zuerkannt werden.

Die Bemühungen um eine schulische Integration von MCD-Kindern haben von einigen grundlegenden Sachverhalten auszugehen, wenn sie nicht das Gegenteil von dem, das ursprünglich mit ihnen angestrebt worden war, bewirken sollen. Bevor die Einschulung ansteht, sind die Weichen in der Entwicklung dieser Kinder so zu stellen, daß die tatsächlich vorhandene Leistungsfähigkeit zur Entfaltung kommen kann. In diesem Zusammenhang ist von zentraler Bedeutung (das war in den vorherigen Ausführungen bereits enthalten), daß das, was heute als MCD bezeichnet wird, durch keine Therapie behoben, sondern nur langfristig kompensiert werden kann. Kompensiert werden kann sie aber nur, wenn die Kinder so, wie sie sind, von ihrer Umwelt (vor allem von den Eltern) akzeptiert werden, d. h., es müssen «Auffälligkeiten» in bestimmten Grenzen toleriert werden. Abweichungen von der Norm im Sozialverhalten und durch Teilleistungsschwächen sind mit verständnisvoller Toleranz zu begegnen. Es muß den Kindern zugestanden werden, Entwicklungsverzögerungen ausreifen zu lassen. Verständnis ist wichtiger als Therapie. Dann können die Kinder eine individuelle und teilweise auch originelle Leistungsfähigkeit entwickeln, die Abweichungen im Lernverhalten allmählich in den Hintergrund treten läßt.

Noch ein weiterer Punkt spielt für eine angemessene schulische Integration eine zentrale Rolle. Es ist zu berücksichtigen, daß MCD in keinerlei Zusammenhang mit Intelligenz und Begabung steht. MCD wird bei hochbegabten Kindern ebenso registriert wie bei minderbegabten. Die Begabungsstruktur ist allerdings in der Regel anders (in unterschiedlichem Grade) als bei den Kindern, deren Entwicklung so verläuft, wie es den Erwartungen der Umwelt entspricht. Auch wird von ihnen die Welt teilweise anders erfaßt, deshalb ist es unabdingbar, diesen Kindern eigene Lernformen bei der Erfassung des Unterrichtsstoffes zuzugestehen bzw. im Unterricht Freiräume zur Entwicklung eines eigenen Lernverhaltens offenzuhalten.

Die entscheidende Schulphase ist für MCD-Kinder die Grundschule. Gerade in diesem Bereich hat sich die Entwicklung in Methodik und Didaktik nicht nur an deren Begabungsstrukturen vorbeientwickelt, sondern steht teilweise diesen sogar entgegen. Sollten diese Kinder bis dahin noch nicht auffällig geworden sein, werden sie es jetzt, und es ist davon auszugehen, daß bisher erfolgte Kompensationsprozesse des «Andersseins» durch positive Erfahrungen in kurzer Zeit wieder aufgehoben werden.

Zu der bereits erwähnten Eingrenzung und Reduzierung des Wissensangebotes und der Vereinseitigung der Wissensvermittlung tritt ein drittes Element, das über Methodik und Didaktik gegen das Lernverhalten von MCD-Kindern arbeitet. Die Verinnerlichung von möglichst vielfältigem Wissen wurde als Inhalt und Ziel des Unterrichts deutlich herabgestuft und das Wahrnehmen, Erkennen und Wiedergeben rationaler und logischer Strukturen aufgewertet. Über die logische Struktur eines Phänomens oder Zusammenhangs sollen die innewohnenden Gesetzesmäßigkeiten erschlossen werden. Das abstrakte Erkennen löste bei der Erschließung der Welt durch die Kinder die Wissensvielfalt ab, die zum unnötigen Ballast degradiert wurde.

Diese Vorgehensweise ist erwachsenengemäß, aber nicht kindgemäß. Im Denken der Kinder – vor allem noch im Grundschulalter – sind die Fähigkeiten zur Abstraktion erst in rudimentärer Weise entwickelt. Ihnen wird damit ein Lernverhalten aufgezwungen, das quer zu den tatsächlich vorhandenen altersgemäßen Fähigkeiten steht. Die Reaktionen hierauf bewegen sich auf einem Kontinuum zwischen Langeweile und Streß. Bei «normalen» Kindern führte die Reform des Unterrichts zu einer deutlichen Verzögerung in der Erreichung von Lernzielen. Bei den

MCD-Kindern wird damit – unabhängig von der tatsächlichen Begabung – erreicht, daß sie bestimmte Lernziele gar nicht mehr erreichen.

Der grundlegende Wandel, den diese Reformen des Unterrichtes im Verhältnis Lehrer/Schüler bewirkten und der sich gerade für MCD-Kinder langfristig negativ auswirkte, war, daß die Rolle des Schülers immer passiver ausgestaltet wurde und die des Lehrers (aber auch jedes anderen professionellen Erziehers und Beraters oder Therapeuten im Vorschulalter) immer aktiver. Die Kinder lernen in dem rationalisierten Unterricht nicht, die Leistungsanforderungen in eigenständiger Weise sinnvoll zu beherrschen, sondern nach Vorgaben der Lehrer auf vorgeschriebenen Wegen abzuarbeiten. Freiräume zur Entwicklung eines eigenen Lernverhaltens sind in dieser Form der Wissensvermittlung nicht enthalten und können von den Kindern auch nicht selbst erschlossen werden. Allenfalls zufällig vorhandene pädagogische Qualifikationen der Lehrer(innen) ermöglichen es, daß abweichendes Lernverhalten toleriert wird.

Eine Grundvoraussetzung, daß Kinder mit einem anderen Lernverhalten wieder ein ihrer tatsächlichen Begabung entsprechendes Leistungsvermögen entwickeln können, ist eine Neubewertung des Verhältnisses von Wissen und Fähigkeit zur Abstraktion im Unterricht. Der kindgemäße Weg zur Entwicklung eines eigenen Lernverhaltens führt über konkretes, instruktives Wissen, das mannigfaltig aufbereitet ist und die Phantasie der Kinder anspricht. Die Vermittlung von instruktivem Wissen hebt einerseits die Vereinseitigung der Lernprozesse wieder auf, andererseits führt sie die Kinder aus ihrer passiven Rolle heraus. Wissen sinnvoll aufbereitet enthält eine Vielfalt von Informationen, die es unterschiedlichen Lerntypen ermöglichen, sie mit den Assoziationsmöglichkeiten des eigenen Grundmusters in Verbindung zu setzen. Das abstrakte Wahrnehmen, Erkennen und Wiedergeben kann nur auf *eine* Weise erfolgen. Die Kinder müssen entsprechend dieser Weise abgerichtet werden, wenn der Unterricht erfolgreich sein soll. Die durch Wissen erworbenen Informationen dagegen können sich zu Informationsmustern verbinden, die das eigene Lernpotential der Kinder in kreativer Weise ausgestalten. Denn Prozesse des Entdeckens und Begreifens, die aus Informationen ein Informationsmuster machen, können von Zeit zu Zeit über die angestrebten Ziele hinaus zur Bildung neuer, origineller Informationsmuster führen, die die Bandbreite der Reaktionsmöglichkeiten gerade von MCD-Kindern gegenüber den Anforderungen von außen deutlich erweitern. Dieser Vorgang, der nur durch Anleihen an die Informationstheorie beschrieben werden kann, leitet diejenigen Entwicklungsprozesse ein und führt sie auch fort, die langfristig zu einer Kompensation der durch die Schule verursachten primären Leistungsschwäche führen. Die Kinder machen die Erfahrungen, die zum Aufbau eines angemessenen Selbstwertgefühls unerläßlich sind, aus sich selbst heraus. Bedenken, daß die Schulung des abstrakten Denkens nicht in hinreichender Weise erfolgt, sind überflüssig. Ist ein Lernziel erst einmal wissensmäßig erschlossen, und sind die Informationen aus diesem Bereich von den Kindern sinnvoll verarbeitet, erschließen sich die hinter dem Konkreten stehenden abstrakten Strukturen von selbst.

Aber zur Zeit ist es wenig sinnvoll, auf Veränderungen in dieser Richtung zu hoffen. Da wäre ein grundlegender Wechsel in den handlungsleitenden politischen Normen und Wertvorstellungen, nach denen unser Bildungswesen gestaltet wird, notwendig. Für einen solchen Paradigmawechsel zeichnen sich keinerlei Anzeichen ab. Im Gegenteil, die Entwicklung läuft auf einer Schiene, die in eine Richtung geht, in der die Probleme weiter verschärft werden (warum, wird im folgenden Abschnitt untersucht). Solange diese Richtung beibehalten wird, brauchen die Bildungspolitiker, pädagogischen und psychologischen Berater, Lehrerinnen und Lehrer «Untermenschen» wie MCD-Kinder. Diese lenken von ihrem eigenen Versagen ab, sie entlasten das Schulsystem. Denn wie kann die Schule für Lernschwächen und innerliche Verweigerungen von Kindern verantwortlich gemacht werden, wenn es sich bei diesen Kindern um Mindermenschen handelt? Man schafft flugs Organisationen für fürsorgliche Betreuung für diese Mindermenschen – notfalls von der Wiege bis zur Bahre –, unterstützt die Gründung von Verbänden, die «sachgerecht» die Probleme verwalten und aufpassen, daß ihre Basis (die Mindermenschen) erhalten bleibt, und baut damit allmählich eine Wirklichkeit zu dieser Problematik auf, die so erdrückend ist, daß irgendwann niemand mehr zu sehen vermag, daß es gar nicht so lange her ist, daß diese – heute auffälligen Kinder – ganz normale Kinder waren.

4. Gibt es einen Weg zurück?

Man fragt sich angesichts der bürokratischen Verkrustungen unseres Schulsystems, der Macht, die es gerade denen gibt, die besser keine hätten, wie eine Wende zum Besseren noch möglich sein kann. Die Schwierigkeiten, die einem grundsätzlichen Wandel entgegenstehen, verdeutlichte beispielsweise ein Informationspapier eines Sonderschulleiters über die Leseschwäche von Kindern, das an die Eltern gerichtet war. In dem Papier waren die Ursachen für die heutige Leseschwäche ziemlich gut erfaßt, und auch die negative Rolle der Schule dabei blieb nicht unerwähnt. Das Resümee lautete: Kinder lernen nicht mehr lesen, weil ihnen in der Schule die Motivation dazu genommen wird. Dem ist nichts hinzuzufügen. Aber dann kamen die Therapievorschläge. Die liefen darauf hinaus, daß die Methoden, die letztlich die Leseschwäche hervorgerufen haben (insbesondere das für Kinder keinen Sinn gebende Silbenlesen) nur noch weiter differenziert und verfeinert werden müßten, dann würde schon alles klappen. Nein! Denn dann werden Kinder noch mehr angeödet und können dem noch weniger abgewinnen und werden noch weiter entmotiviert. Fazit: Es muß irgendwo in dem Ganzen ein systematischer Webfehler vorhanden sein, der dazu führt, daß auch diejenigen, die eine kritische Distanz zu den Geschehnissen in den Schulen haben, in letzter Konsequenz in dieselben Fehler verfallen wie die Zurichter der Kinder. Auch ihre gute Absicht ändert daran nichts.

Welche Probleme gelöst werden müssen, wenn Lernen für Kinder in den Schulen wieder zu einem sinnvollen Prozeß werden soll, wird im folgenden untersucht.

Frederic Vester verwies Mitte der siebziger Jahre nachdrücklich darauf, daß unterrichten kein Prozeß ist, der beliebig ablaufen kann. Es sind vielmehr biologische Voraussetzungen und Grundlagen des Lebens zu berücksichtigen, wenn unterrichten nicht in Verkrampfungen der Lernprozesse enden soll.[31] Damit knüpft Vester, wenn auch vor einem anderen Hintergrund, an die Unterrichtstheorie Johann Friedrich Herbarts (1776–1841) an, für den zielgerichtetes Lernen nur möglich war, wenn es über eine allgemeine, gesetzmäßige Folge von typischen Lernakten erfolgt. Dementsprechend gibt es eine Stufenfolge, nach der der Lehrer seinen Unterricht aufbauen muß, wenn er den Lernvorgang des Schülers in optimaler Weise ermöglichen will.

Herbart unterscheidet im Prozeß des Unterrichtens vier Formalstufen, die jeweils durchlaufen werden müssen. Klarheit der neuen Wissenselemente, die der bisherigen Vorstellungswelt zugeordnet werden sollen. Assoziation durch Beschäftigung der Phantasie mit dem Neuem. System: die den bisherigen Vorstellungsbesitz erweiternde Einordnung des Neuen. Methode: kontrollierte Anwendung des neuorganisierten Vorstellungsbesitzes.[32]

Zur inhaltlichen Ausgestaltung des Unterrichts sagte Herbart: «Allgemein soll der Unterricht zeigen, verknüpfen, lehren, philosophieren. In Sachen der Teilnahme sei er anschaulich, kontinuierlich, erhebend, in die Wirklichkeit eingreifend.»[33] Die Herbartsche Stufenlehre hat vielfältige Modifikationen und Weiterentwicklungen erfahren, die hier jedoch keine weitere Klärung der Probleme erbringen können. Von zentraler Bedeutung ist jedoch, daß die Unterrichtslehren von folgender Grundannahme ausgingen: Unterrichten kann nur dann erfolgreich ablaufen, wenn bestimmte Gesetzmäßigkeiten, die in der Natur des Menschen, seiner speziellen geistigen Verfaßtheit usw. begründet sind, im Unterrichtsprozeß berücksichtigt werden. In abgeschwächter Form meint das auch Vester, wenn er auf biologische Grundlagen des Lernens verweist, deren Nichtberücksichtigung er für die heutige Katastrophe schulischer Praxis verantwortlich macht. Was diesen Unterrichtslehren gemeinsam ist, ist der eindringliche Verweis darauf, daß man nur dann sinnvoll unterrichten kann, wenn man – das sollte eigentlich selbstverständlich sein – den Unterrichtsstoff nach Prinzipien vermittelt, die aus einem *ganzheitlichen* Verständnis des menschlichen Seins hergeleitet werden. Dann sind zwar auch Irrtümer möglich, aber keine Katastrophen.

Unterrichten wird dann zu einem zentralen Mechanismus, über den das kulturelle Erbe einer Gesellschaft weiterentwickelt wird. Der Ablauf des Unterrichtens und Lernens darf nicht gegen die Grundlagen der menschlichen Existenz gerichtet sein, die nicht durch Einwirkungen von außen veränderbar sind. Die dahinterstehende Annahme ist, daß die emotionale und intellektuelle Grundausstattung des Menschen, die sich in einer Hunderttausende von Jahren währenden Auseinandersetzung mit der Umwelt herausgebildet hat, als etwas Gegebenes anzusehen ist, an der nicht herummanipuliert werden darf. Die Gefühle, Empfindungen und aggressive Neigungen machen ebenso einen Teil der menschlichen Existenz aus wie die Vernunft und der Intellekt. Beide stehen nebeneinander, können sich sowohl in positiver als auch in negativer Weise beeinflussen.

In unserer Existenz wirken die Kräfte der Romantik ebenso wie die der Vernunft und Aufklärung. Man kann die menschliche Existenz auch als eine immer noch dualistische bezeichnen. Deren emotionale und intellektuelle Grundlagen haben sich in den letzten 10 000 Jahren kaum noch verändert. Sie vermochte sich dem Wandel in diesem Zeitraum – von den letzten 100 Jahren ganz zu schweigen – nicht mehr anzupassen. Der Denkapparat arbeitete an den Problemen der Steinzeittechnologie mit derselben Ausstattung wie an denen der Atomtechnologie. So unbedarft und rücksichtslos, wie mit dem Faustkeil umgegangen wurde, wird heute mit der Atomtechnologie umgegangen. Wir haben uns kaum verändert. Unter dem elegantesten Smoking – so Theo Löbsack[34] – schaut immer noch das Bärenfell hervor. Welche Konsequenzen ergeben sich daraus für das Unterrichten und Lernen?

Es müssen beide Seiten gleichermaßen und gleichberechtigt angesprochen und angeregt werden. Jede einseitige Hervorhebung des emotionalen oder intellektuellen Aspektes beim Lernen führt dazu, daß Lernen kein die gesamte Persönlichkeit erfassender Prozeß wird. Es wird langweilig, wenn die abstrakten Komponenten überwiegen, und es wird ziellos, wenn das Schwergewicht auf die Gefühlsebene verlagert wird. Wenn es etwas Konstantes, das nicht angetastet werden darf, beim Unterrichten gibt, dann ist es die gleichberechtigte Berücksichtigung der beiden Seiten der menschlichen Existenz beim Lernen. Die ändert sich auch in historisch überschaubaren Zeiträumen nicht. Anders ausgedrückt: Die Veränderungen, die sich aus biologisch-evolutionären Entwicklungen ergeben, erfolgen in so großen Zeiträumen, daß sie hier nicht berücksichtigt werden müssen. Eher hat sich die Menschheit selber umgebracht, als daß sie sich nach evolutionären Gesetzmäßigkeiten dem Atomzeitalter emotional und intellektuell angepaßt hat bzw., bis die Menschen sich zu Vernunftwesen entwickelt haben.

Das muß berücksichtigt werden, wenn man zu dem zweiten Problem in diesem Zusammenhang kommt. Die Umweltveränderungen erfolgen für die Menschen mit einer Geschwindigkeit, die ständig dafür sorgt, daß Wissen immer schneller veraltet, Gewohnheitsmäßiges aufgegeben werden muß und immer komplexere Probleme zu lösen sind. Das war auch einer der Anlässe für die Bildungsreformen. Nur ist in den reformierten Lehrplänen und methodischen Unterrichtsanweisungen der Blick dafür verlorengegangen, was notwendigerweise verändert werden muß und was nicht angetastet werden darf. Hier stimmt nichts mehr, und alle Maßnahmen, die etwas zum Positiven verändern sollen, scheitern, da sie ständig an dem herummodeln, was man besser nicht angerührt hätte. Die heute immer wieder beklagte Überforderung der Kinder durch die Schule ist nicht darauf zurückzuführen, daß die Leistungsanforderungen die Kinder überfordern, sondern daß ihnen in den Schulen etwas aufgezwungen wird, das nur die eine Seite ihrer Leistungsfähigkeit (die Fähigkeit zum abstrakten Denken) anspricht und sie langweilt.

Aufspaltung des Wissens auf immer mehr Menschen und eine hiermit einhergehende immer differenziertere Arbeitsteilung haben zwar nicht verhindern können, daß der einzelne heute mehr wissen muß als früher, aber die Vermittlung des notwendigen Wissens funktionierte, mit Einschränkungen, noch relativ lange. Zur Zeit wächst jedoch die Zahl der Analphabeten und die für eine berufliche Ausbildung nur unzulänglich Vorgebildeten. Die Ursache hierfür ist darin zu sehen, daß das Verhältnis von Konstanz und Veränderung in der Beziehung von Wissen und Unterrichten nicht mehr stimmt. Die Unterrichtslehren werden nahezu genauso schnell verändert, wie das Wissen in der Gesellschaft wächst und sich damit auch verändert. Der Bezugspunkt der Unterrichtslehren ist nicht mehr der sich in seiner Grundausstattung kaum verändernde Mensch, sondern die stürmische Wissensvermehrung. Dieser extremen Entwicklung versucht man in immer wieder modifizierten Unterrichtslehren Rechnung zu tragen. Auf der Strecke bleiben die Menschen, an denen vorbei sich dies alles entwickelt.

In immer komplizierteren, teilweise auch absonderlichen Anleitungen für den Unterricht ist man bemüht, ein den neuesten Entwicklungen angepaßtes Instrumentarium für die Wissensvermittlung in den Schulen zu schaffen. Ob dies auch auf Kinder paßt, ist mehr oder weniger Zufall. Die vermeintlichen gesellschaftlichen und technologischen Probleme geben die Zielrichtung an. Jedes neu auftretende Problem führt zu hektischen Änderungen. Daß das Ganze für alle Beteiligten immer unübersichtlicher wird, war unter den Umständen unvermeidlich. Es fehlt an relativ invarianten und konstanten Strukturen in den Unterrichtslehren, die für «Klarheit» (J. F. Herbart) in der Wissensvermittlung garantieren. Für Konstanz und Stetigkeit in den Unterrichtslehren hatte vor den sogenannten Bildungsreformen der oberste Bezugspunkt Mensch gesorgt. Aber das ist eine offensichtlich veraltete Orientierungshilfe. Statt dessen bezieht man sich auf die durch menschliches Handeln ausgelösten Entwicklungen. Hektik, Konfusion und Resignation in den Schulen sind das Resultat.

Die Wissensvermittlung in den Schulen muß wieder von der falschen Grundvorstellung, daß Lernprozesse bei Kindern beliebig machbar sind, gelöst werden. Dann wird man auch nicht mehr bei neu auftretenden Problemen oder einer neuen Theorievariante zum Thema Lernen neue Unterrichtsmaterialien erstellen, die die Verwirrung in den Köpfen der Kinder vergrößern. Es ist sicherlich nicht möglich, Wege der Wissensvermittlung zu finden, in der direkt die Begabungsvielfalt von Kindern abgebildet ist. Aber es sind Wege möglich, die allen Kindern Freiräume zugestehen, den Unterrichtsstoff gemäß ihres Lerntyps zu erfassen. Die vier Formalstufen Herbarts sind einer dieser Wege. Allerdings kann man einen solchen Weg nicht einfach von oben verordnen. Denn dann schleichen sich wieder Determinismus und Machbarkeitsvorstellungen ein, die schon zu lange zu den «natürlichen» Vorstellungen im Schulalltag gehören, als daß sie ohne weiteres wieder aufgehoben werden könnten.

Bequemlichkeit im Denken und Angst vor Neuem, demgegenüber man sich unsicher fühlt, führen allzu leicht dazu, daß es wieder zu Rückfällen kommt. Hier kann man sich nur unter dem Druck und Widerstand der Eltern langfristig etwas zum Positiven verändern. Nahezu alle Eltern haben die Erfahrung gemacht, daß ihr Kind durch die Schule anders geworden ist. Spontaneität und Kreativität gehen verloren, ein Teil wird krank oder «auffällig». Diese Erfahrungen sind sicherlich Ursache dafür, daß relativ viele Eltern bereit sind, sich im Schulbereich zu engagieren. Allerdings geschieht dies mehrheitlich in Vereinen und Initiativen, die diese Probleme im Sinne der heutigen Bildungsideologie verwalten. Mit diesem Engagement tun sie ihren Kindern keinen Gefallen. Im Gegenteil, sie verstärken die Macht des Bildungsapparates gegenüber ihren Kindern, denn es werden weitere Schlupflöcher verstopft. Das Engagement der Eltern muß auf eine neue Schiene gesetzt werden. Keine Schule hat das Recht, die Persönlichkeit von Kindern zu verändern. Deren Aufgabe ist es vielmehr, der Begabung und Persönlichkeit von Kindern – so wie diese nun einmal sind – Entfaltungsmöglichkeiten zu ermöglichen. Eltern sollten also alles, was in den Schulen an ihre Kinder herangetragen wird, dahingehend überprüfen, ob es ihnen etwas aufzwingt oder Bildung ermöglicht. Das ist gar nicht so schwer. Wer selbst noch Phantasie hat, kann sich leicht vorstellen, wie er vor manchen Leistungsanforderungen gesessen hätte. Aber auch Kinder geben durch ihre Reaktionen unfreiwillig darüber Auskunft, wenn sie allenfalls erwachsenengemäßen, aber keinesfalls kindgemäßen Anforderungen unterworfen werden. Oft reicht auch schon ein Blick in ein Schulbuch, um festzustellen, daß die Leistungsanforderungen von einem Machbarkeitsideologen entwickelt worden sind. Nie aus den Augen darf man dabei verlieren, daß abstraktes Denken bei Kindern unterentwickelt ist und die Voraussetzungen hierfür sich erst langsam bilden. Wird Kindern zu früh einseitig abstraktes Denken aufgezwungen, ist das nicht etwa eine Förderung, sondern Verhinderung von Entwicklungen.

Wollen sich Eltern in der Schule engagieren, so sollten sie Druck auf das Lehrpersonal ausüben, wenn ihren Kindern keine kindgemäßen Leistungsanforderungen aufgezwungen werden. Sie sollten unverblümt sagen, daß ihr Kind zwar lernen könne, dies durch die Schule aber verhindert werde. Sie sollten Schulbücher (hierzu gehören derzeit alle Rechenbücher) ablehnen, die von «Wissenschaftlern» gemacht worden sind, die überhaupt nicht mehr wissen, wie Kinder lernen, und sie sollten immer wieder geltend machen, daß ein Kind ein Recht hat (und das ist ein Menschenrecht), auf die ihm gemäße Art zu lernen. Wenn sie sich in diese Richtung engagieren, wird eine kreative Unruhe in das Schulsystem hineingetragen. Selbstverständlichkeiten werden fraglich, und eine Umkehr zu einer Schule, die wieder auf Kinder ausgerichtet ist und nicht die Kinder ausrichtet, wird wieder möglich. Das ist sicherlich ein langer und dorniger Weg für Eltern. Es sage aber keiner, daß sei ihm nicht zuzumuten, denn das ist seine Verpflichtung seinem Kind gegenüber.

Pädagogik oder Antipädagogik?

Die Entwicklungen in unserem Schulsystem haben schon immer Gegenbewegungen provoziert. Allerdings waren das keine Resultate einer kritischen Bestandsaufnahme und eines daraus hervorgehenden Neubeginns, in dem die Fehler der Vergangenheit die Lernfähigkeit der Menschen verbessert hätten, sondern Reaktionen auf Mißstände, die einseitig von den emotionalen Schichten der Persönlichkeit getragen wurden. Die letzte Gegenbewegung entwickelte sich Mitte der siebziger Jahre, als die Euphorie der Bildungsreformer und Macher im Sande verlaufen war. Sie wurde von den Antipädagogen getragen, die in radikaler Weise für eine Abschaffung der Erziehung plädierten. An den entgegengesetzten Positionen von Pädagogen und Antipädagogen, die das ganze Spektrum der Beeinflussung oder Nichtbeeinflussung von Kindern abdecken, lassen sich die gesellschaftlichen Hintergründe und Verflechtungen der Behandlung von Kindern aufdecken. Aus einer Gegenüberstellung lassen sich Grenzen und Möglichkeiten beider Konzepte gewinnen, aus der Erkenntnisse für die eigenen Zielsetzungen gewonnen werden können.

Pädagogen gehen von der Grundannahme aus, daß sich Verhaltensweisen durch die dazu führende Erziehung erreichen lassen; Antipädagogen davon, daß Erziehung schädlich ist, da über sie Bedürfnisse der Erwachsenen befriedigt werden, die ein freies und lebendiges Wachstum der Kinder verhindern. Der Streit zwischen beiden Positionen ist nicht dadurch zu entscheiden, daß sich überzeugend feststellen läßt, die eine Richtung sei wahr und richtig. Wahr und richtig sind beide, aber nur vor dem gesellschaftlichen Hintergrund, dem sie entsprechen. D. h., die Vorstellungen der Antipädagogen lassen sich von einem bestimmten gesellschaftlichen Hintergrund her ebenso legitimieren wie die der Pädagogen. Wahrheit ist nun einmal – wenn Menschen damit zu tun haben – ein relativer Begriff.

Letztlich steht hinter diesem Glaubenskrieg die noch nicht entschiedene Frage, ob Freiheit möglich ist. Daß zumindest zeitweise stabile Gesellschaften mit unfreien (erzogenen) Menschen möglich sind, braucht nicht bewiesen zu werden, denn das ist die menschliche Geschichte. Damit ist aber noch nicht widerlegt, daß es hierzu keine Alternative gibt. Denn die Geschichte vom Faustkeil bis zur Moderne, die auch die Geschichte menschlicher Unfreiheit ist, ist immer eine noch relativ kurze Episode, aus der sich noch keine endgültigen Schlußfolgerungen ziehen lassen. Allerdings dürfen die Probleme einer freien Gesellschaft auch nicht in einer nur vage bestimmbaren Zukunft lösbar erscheinen. Es müssen konkrete Lösungsperspektiven jetzt erkennbar sein.

Das Wissen über die Schädlichkeit von Erziehung wird größer und verbreitet sich allmählich. «Realitätsbezogene» mögen in diesem Zusammenhang meinen, daß Wissen und Macht hier Gegensätze sind, die gesellschaftliche Veränderungen infolge Wissens um die Zusammenhänge verhindern werden. Sie können recht haben, müssen aber nicht. Denn in einer Gesellschaft, in der das allgemeine Unbehagen größer wird und in der Identität nur über Verdrängungen der elementarsten Gefühle möglich ist, ist niemand vor Überraschungen gefeit. Es können sich um dieses Wissen herum soziale Bewegungen bilden, die in massiver Weise zu einer Gegenmacht werden.

Die Unüberbrückbarkeit zwischen Pädagogik und Antipädagogik wird deutlich, wenn man das hinter den jeweiligen Positionen stehende Gesellschaftsverhältnis einbezieht. Die Positionen und Intentionen der Pädagogen lassen sich ganz illustrativ am Beispiel von drei «Klassikern» demonstrieren. Eine konservative Auffassung, die durch Erziehung eine möglichst bruchlose Erhaltung kultureller Tradition anstrebt, vertritt Wilhelm Dilthey: «Der soziale Erneuerungsprozeß, vermöge dessen stets neue Individuen als Elemente der Gesellschaft in sie eintreten, verlangt, daß diese Individuen zu dem Punkt entwickelt werden, an welchem sie die Person der gegenwärtigen Generation ersetzen können. So wird dem Wechsel der Individuen zum Trotz der Ertrag der Arbeit in der Gesellschaft erhalten und übertragen.»[35]

Von einer total entgegengesetzten Position aus argumentieren Marx und Engels, die die Möglichkeiten der Erziehung für eine Umgestaltung der Gesellschaft nutzen wollen: «Und ist nicht auch eure Erziehung durch die Gesellschaft bestimmt? Durch die gesellschaftlichen Verhältnisse, innerhalb deren ihr erzieht, durch die direkte oder indirekte Einmischung der Gesellschaft, vermittelst der Schule usw.? Die Kommunisten erfinden nicht die Einwirkung der Gesellschaft auf die Erziehung, sie verändern nur ihren Charakter, sie entreißen die Erziehung dem Einfluß der herrschenden Klasse.»[36]

Schaffung der neuen Gesellschaft, Bewahrung von Traditionen, über Erziehung wurden konkrete Verformungen an Kindern angestrebt, mit denen gesellschaftspolitische Zielsetzungen angestrebt wurden (werden). Zwar gab es auch die geisteswissenschaftlich orientierten Pädagogen, die um eine relative Autonomie der Pädagogik bemüht waren, aber auch hier dürften sich gesellschaftspolitische Absichten und Ziele eingeschlichen haben, in vielen Fällen wird dieser Anspruch eine reine Fiktion gewesen sein. In den Begründungen der Notwendigkeit von Erziehung treten in der modernen Massengesellschaft inhaltliche Aspekte (Schaffung des neuen Menschen etc.) zurück. Anpassung und Förderung des sozialen Wesens wird zum vorrangigen Erziehungsziel, ohne daß bestimmte Normen und Werte besonders hervorgehoben werden. Das soziale Wesen wird zu einem Wert an sich. Wegbereiter zur Sozialisation von Kindern um der Sozialisation willen war ein weiterer Klassiker, E. Durkheim, dem Vorstellungen von menschlicher Individualität offenkundig Unbehagen verursachten: «Erziehung ist die Einwirkung der Erwachsenengeneration auf diejenigen, die noch nicht reif sind für das Leben in der Gesellschaft. Sie zielt darauf ab, beim Kind eine

Reihe physischer, geistiger und sittlicher Kräfte zu wecken und zu fördern, die die politische Gesellschaft in ihrer Gesamtheit und das jeweilige Milieu, für das es in besonderer Weise bestimmt ist, von ihm zu fordern.» Durkheim faßt selbst lapidar zusammen: «Es ist gerade das Ziel der Erziehung, das soziale Wesen zu schaffen.»[37]

Für Durkheim, der durch die Soziologisierung der Pädagogik auf indirekte Weise weitgehenden und prägenden Einfluß auf diese bekam, ist bei Menschen eine Tendenz dominierend, die eigenen Wünsche und Begierden bis ins Maßlose zu steigern, wenn nicht eine regulierende Kraft von außen eingreift. Die regulierende Kraft oder Macht ist die Gesellschaft. Erziehung als Anpassung an die Gesellschaft, wird damit die «menschliche Maßlosigkeit» in die Schranken verwiesen? Die Verfechter dieser These scheinen die menschliche Geschichte nicht zu kennen. Denn sonst wüßten sie, daß dadurch Untertanen geschaffen werden, die ihre «Maßlosigkeit» im Dienste zur Erhaltung der Gesellschaft sehr wohl zu nutzen pflegen. Aber offensichtlich sind für Durkheim und seine geistigen Erben Untertanen, die ihre Destruktivität zur Erhaltung des Bestehenden einsetzen, gute Untertanen. Während diejenigen, die die Maßlosigkeit besitzen, Freiheit zu fordern, disfunktionale Schädlinge sind. Die funktionalen, guten Untertanen übernehmen es dann, die gesellschaftliche Anpassung der nachfolgenden Generation durchzuführen. Das in Pädagogik ohnehin vorhandene Willkür- und Unterdrückungspotential gegenüber Kindern wird folglich noch dadurch erhöht, daß es Erwachsenen einen breiten, gesellschaftlich sanktionierten Spielraum gibt, eigene destruktive Neigungen in den Beziehungen zu Kindern auszuleben, da sie ja nicht nur Eltern, sondern auch Organe des Staates sind. In weiten Bereichen ist Pädagogik nichts anderes als eine moralische Legitimation für Aggressionen gegenüber Kindern. Gegen diese Tendenzen beziehen die Antipädagogen in breiter Front Stellung.

Für die Antipädagogen ist Erziehung Manipulation, Herrschaft und Fremdbestimmung. Kinder werden durch Pädagogik diskriminiert, ihnen wird im täglichen Umgang und vom Gesetzgeber nur ein eingeschränkter Menschenstatus (kein Kindermensch, sondern ein Mindermensch, E. v. Braunmühl) zuerkannt. Die Antipädagogen, die sich als Kinderrechtler verstehen, fordern die Gleichberechtigung von Kindern. Das schließt ein, daß man in Anknüpfung an Carl Rogers «einem Menschen von Anbeginn (also schon einem Säugling) zutraut, daß er aus sich etwas ist». Eine Vorstellung, die jeden «aufrechten Pädagogen» mit Schrecken erfüllen muß. Menschenrechte hätten Gültigkeit für Kinder, das wiederum muß jeden «aufrechten Juristen» um seinen wohlverdienten Schlaf bringen, denn der in vordemokratischen Denkmodellen wurzelnde Status der Rechtlosigkeit von Kindern stabilisiert das derzeitige Bildungsunwesen und verhindert, daß Richter gezwungen werden können, Rechte eines Kindes gegen ein seine Persönlichkeit deformierendes Schulsystem verteidigen zu müssen.

Kinder sind aber – das wird ja auch von den Kinderrechtlern und Antipädagogen betont – hilfs- und schutzbedürftig. Wie also ein Aufwachsen ohne Pädagogik? E. v. Braunmühl knüpft hier an die Vorarbeiten zu einer Theorie der kommunikativen Kompetenz von J. Habermas an. Danach führt beispielsweise bei einem Säugling die Mutter aus, was dieser bestimmt. Um den Bestimmungen des Säuglings nachzukommen, besitzt die Mutter im Normalfall die Kompetenz, ihn zu verstehen. Anstelle sprachlicher Äußerungen treten beim Säugling Handlungen oder Erlebnisausdrücke, die von der kompetenten Mutter als Äußerungen eines autonomen, zur Selbstbestimmung fähigen Menschen verstanden werden. Von dieser Ausgangsposition aus kommt es von vorneherein nicht zu der für Pädagogen selbstverständlichen Herrschaftsbeziehung, in der Kinder Objekte (zu formende Gegenstände) sind, die vom Erzieher allmählich zu Subjekten gemacht werden. Das Kind wächst und lernt viel mehr. «Es lernt und erwirbt sich im Laufe der Zeit die Ausführungskompetenz, die ihm zu Beginn seines Lebens noch fehlte.»[38]

Gegen dieses Konzept könnte man beispielsweise einwenden,

daß man vor den «unendlichen Schwierigkeiten» bei seiner Realisierung resigniere oder zurückschrecke. Hier wird sich aber zeigen, daß dies nur ein Zurückschrecken vor einem Wiederauftauchen des eingefrorenen Gefühlslebens ist. «Gravierender» ist schon der Vorwurf, daß ein selbstbestimmtes Heranwachsen der Kinder die Grundlagen unserer Kultur untergräbt. Dieser Vorwurf stimmt, freie Kinder, die in selbstverständlicher Weise zu freien Erwachsenen heranwachsen, sind eine unerträgliche Belastung und übermächtige Herausforderung für eine Kultur, deren Stabilität aus der Unterdrückung und Deformierung der Menschen gespeist wird und in der Menschen die Pervertierung ihres Seins mit einer Unterjochung der Welt «sublimieren», die langfristig die eigenen Lebensgrundlagen zerstört.

Alice Miller beschreibt die Abwehrmechanismen, die verhindern, daß Eltern in Kindern gleichberechtigte Wesen sehen, wie folgt: «Sie haben ihre Kinder aus dem unbewußten Schatz ihrer eigenen Kindheitserfahrungen erzogen und hatten gar keine anderen Möglichkeiten, als es ähnlich zu tun, wie es einst ihre Eltern taten. Wenn sie nun aber mit dem Wissen darüber konfrontiert werden, daß man das Kind gerade im zartesten Alter am meisten und nachhaltigsten schädigen kann, bekommen sie begreiflicherweise Schuldgefühle, die oft unerträglich sind. Gerade für Menschen, die nach den Prinzipien der ‹Schwarzen Pädagogik› erzogen worden sind, können bei dem Gedanken, daß sie vielleicht nicht perfekte Eltern waren, Qualen entstehen, weil sie ihren verinnerlichten Eltern schuldig sind, keine Fehler gemacht zu haben. Deshalb werden sie dazu neigen, neues Wissen nicht an sich heranzulassen und um so mehr bei den alten Erziehungsregeln Schutz zu suchen. Sie werden verstärkt darauf bestehen, daß die Unterdrückung der Gefühle, Pflicht und Gehorsam die Pforten zum guten und ehrbaren Leben öffnen, daß man nur mit ‹Auf-die-Zähne-Beißen› erwachsen wird; sie werden jede Information über die frühkindliche Erlebniswelt abwehren müssen.»[39]

Die ganzen Tugenden und Werte, mit denen man das, was man

selber seinen Kindern antut oder von professionellen Pädagogen antun läßt, legitimiert, reduzieren sich danach auf eine traurige Verarmung der Gefühlswelt, die ein Mitempfinden mit Kindern verhindert. Die immer noch praktizierte Erziehung zur Härte, zur Anpassung, aber auch die nicht aussterben wollenden Legitimationsstrategien wie «uns hat das auch nicht geschadet» oder «da muß man durch» sind nichts anderes, als die (allerdings unbewußte) Rache an der nächsten Generation für das, was man selbst von der eigenen Elterngeneration erlitten hat. Es ist ein Kreislauf von Unterdrückung, Leiden an der Unterdrückung, Verdrängung des Leidens durch Verinnerlichung der idealisierten Eltern, die man eigentlich ablehnen, ja zeitweise hassen müßte für das, was sie einem selbst angetan haben, und nach Verinnerlichung der zentralen kulturellen Werte über die Eltern die Rache an den eigenen Kindern. Dieser traurige Kreislauf wäre vielleicht leichter aufbrechbar, als psychoanalytische Deutungen zu vermitteln versuchen, wenn gesellschaftlich sanktionierte Möglichkeiten anderen Verhaltens sich abzeichneten. Der gesellschaftliche Druck geht derzeit aber eindeutig zur Reproduktion des Bestehenden durch Anpassung. Abweichungen hiervon bedeuten Außenseitertum. Die Konsequenz hieraus: Von der großen Mehrheit wird all das bei den eigenen Kindern unnachsichtig verfolgt, was an das eigene kindliche Leiden erinnern bzw. dieses wieder auferstehen lassen könnte. Moral in der Pädagogik ist kein kultureller Wert, sondern Ausdruck einer eher traurigen Verarmung des Gefühlslebens.

Folgt man Alice Miller, so kann die ständige Wiederkehr des Zwangs zur Unterdrückung nur aufgebrochen werden, wenn einer Generation das eigene Opfersein bewußt wird, wenn die Eltern es merken. Dem Merken wird eine Phase des Zornes und der Enttäuschung über die eigenen Eltern folgen. Aber dieses Wiederaufleben der Gefühle braucht nicht mehr verdrängt zu werden. Es wird vielmehr in eine Phase der Trauer über das, was man selbst erlitten hat, einmünden, Trauer über die Eltern, die selbst nur Opfer waren. Man fragt sich dann selbst ein wenig fassungslos, wie es zu den Veridealisierungen hat kommen können. Der Stolz, über das, was mir angetan wurde, das mich hart gemacht hat, das mich in den Augen meiner Mitmenschen zu einem «ordentlichen Menschen» gemacht hat, wird Zorn, Scham und Trauer weichen. Pädagogik entlarvt sich als Anleitung zur Verfolgung und Unterdrückung von Kindern; die «wissenschaftliche Weisheit», auf die sie sich beruft, als eine Rationalisierung der verdrängten eigenen Kränkungen und Schädigungen, die der Wissenschaftler selbst erlitten hat.

Voraussetzung der Antipädagogik ist aber, daß freie Menschen und Selbstbestimmung möglich sind. Wenn jedoch beides realisiert werden soll, dann steht dem unsere bisherige Kultur mit ihren Normen, Geboten und Idealen unerbittlich entgegen. Denn die Kulturentwicklung, die bisher die Geschichte der Menschheit geprägt hat – das hat Sigmund Freud nachhaltig belegt –, ist das Resultat von Versagungen, Verdrängungen und vermeintlichen Triebsublimierungen. Kultur, so wie wir sie bisher für selbstverständlich gehalten haben, baut auf Triebverzicht und Unfreiheit auf. Die Antipädagogik stellt diese Kultur in radikaler Weise in Frage. Sie mutet dem einzelnen zu, die Schäbigkeit der Resultate der eigenen vermeintlichen Triebsublimierungen selbst zu erkennen.

Die protestantische Ethik, die Kultur der frühen Industriegesellschaft, aus der Kapitalismus und Sozialismus ihre zentralen Leitideen bezogen und auch in Realität umsetzten, ist das Resultat der bisher erfolgreichsten und effizientesten Triebsublimierungen. Sie treibt die Menschen auch dann noch an, sich die Erde zu unterwerfen, wenn diese damit ihren eigenen Untergang vorbereiten. Dem freien, nicht «erzogenen» Menschen wird diese Kultur fremd sein, so fremd wie dem Häuptling Seattle in seiner Botschaft an den amerikanischen Präsidenten 1854, als er den Untergang der Kultur der Weißen voraussagte: «Auch die Weißen werden vergehen, eher vielleicht als alle anderen Stämme. Fahrt fort, euer Bett zu verseuchen, und eines Tages werdet ihr im eigenen Abfall ersticken. Aber in eurem Untergang werdet ihr hell strahlen, angefeuert von der Stärke des Gottes, der euch in dieses Land brachte und euch bestimmte, über dieses Land und den roten Menschen zu herrschen.»[40]

Es läßt sich, das dürfte aus dem Vorstehenden hervorgehen, aus einer antipädagogischen Position eine massive Kritik an unserer Gesellschaft und der Art und Weise, wie dort Kinder behandelt werden, formulieren. Aber wie ist die gesellschaftliche Realität beschaffen, die die Antipädagogen anstreben? Hier ist vieles noch unausgegoren. Das zeigen beispielsweise die in den letzten Jahren entwickelten Aktivitäten von Antipädagogen und Kinderrechtlern zur Einführung eines allgemeinen Wahlrechts für Kinder von dem Zeitpunkt an, an dem sie schulpflichtig werden. Denn damit würden Kinder nicht *mehr* Rechte und Freiheiten erhalten, sondern weniger. Sie kämen dann in den Blickpunkt der politischen Parteien, die alles daran setzten, Kinder zu Stimmvieh umzumanipulieren. Zur Zeit sind für eine freie Entwicklung immer noch einige Schlupflöcher vorhanden, die würden mit Sicherheit verschlossen werden, wenn Kinder wahlberechtigt, also Stimm-Material wären. Mit diesem Beispiel sollte verdeutlicht werden, daß Antipädagogik immer noch nur Kritik, eine emotional fundierte Gegenbewegung gegen die Pädagogik einer gefühlsmäßig verarmten Erwachsenenwelt ist. Was an ihr an Entwicklungsperspektiven vorhanden ist, soll durch eine Gegenüberstellung der unfreien mit der freien Gesellschaft untersucht werden.

1. Die Untertanengesellschaft

Die Untertanengesellschaft stößt an ihre Grenzen. Für viele Zeitgenossen scheint sie bereits nicht mehr zur überlebensnotwendigen Regeneration fähig. Je mehr die Zweifel wachsen, je mehr verlieren auch traditionelle Selbstverständlichkeiten, wie Fortpflanzung einer Kultur durch schulische Bildung oder Schaffung einer Persönlichkeit durch Erziehung, an innerer Substanz und Überzeugungskraft. Wir sind zur Zeit in einer Situation, in der wir zwar wissen, daß mit den bisherigen Vorstellungen von Erziehung und Bildung den Krisen auf der Welt nicht begegnet werden kann; was an die Stelle des bisherigen treten soll, wissen wir genau genommen aber auch nicht. Die folgende Analyse der Untertanengesellschaft soll darüber Auskunft geben, wie weit deren Entwicklungsperspektiven bereits ausgelaugt sind. Anschließend steht zur Diskussion, inwieweit ein Gegenstück zur Untertanengesellschaft möglich ist und was an die Stelle der jetzigen schulischen Bildung und Erziehung treten muß, damit eine bessere Gesellschaft möglich wird.

Herbert Marcuse kommt in seiner Analyse der modernen Industriegesellschaft zu folgendem resignativen Resümee: «Die gegenwärtige Gesellschaft scheint imstande, einen sozialen Wandel zu unterbinden – eine qualitative Veränderung, die wesentlich andere Institutionen durchsetzen würde, eine neue Richtung des Produktionsprozesses, neue Weisen menschlichen Daseins. Die Unterbindung sozialen Wandels ist vielleicht die hervorstechendste Leistung der fortgeschrittenen Industriegesellschaft; die allgemeine Hinnahme des ‹nationalen Anliegens›, das Zwei-Parteien-System, der Niedergang des Pluralismus, das betrügerische Einverständnis von Kapital und organisierter Arbeiterschaft in einem starken Staat bezeugen die Integration der Gegensätze, die das Ergebnis wie die Vorbedingung dieser Leistung ist.»[41]

Nach Marcuse, der in seinen Analysen zwischen einem konservativ eingefärbten Anarchismus und einem Wertekonservatismus schwankt, führten die gesellschaftlich organisierte Bedürfnisbefriedigung und die hiermit parallel gehende Abschaffung des persönlichen, emotionalen Konfliktes mit der Gesellschaft zu der Gleichschaltung, die die jetzige Situation ausmacht. Hier deckt sich die Analyse Marcuses mit der eines anderen Außenseiters, des Kommunisten und Homosexuellen Pier Paolo Pasolini: «Ein Prozeß der Nivellierung wurde eingeleitet, der alles Authentische und Besondere vernichtet. Das Zentrum erhob

Modelle zur Norm; und diese Norm ist nichts anderes als die der modernen Industrialisierung, die sich nicht mehr damit zufrieden gibt, daß der Konsument konsumiert, sondern mit dem Anspruch auftritt, es dürfe keine andere Ideologie als die des Konsums geben. Ein neo-säkularer Hedonismus, der ahnungslos sämtliche humanistischen Werte vergessen hat und ahnungslos jeder humanen Wissenschaft entfremdet ist.»[42]

Nach Neil Postman wäre die absolute Gleichschaltung nicht möglich gewesen ohne Weiterentwicklungen auf dem Sektor der Massenkommunikationsmittel. Das Fernsehen hat für ihn dabei eine Schlüsselfunktion, da es allen gleichzeitig die Impulse zu geben vermag, die sie zur Erhaltung und Verfestigung ihrer Gleichheit benötigen: «Auch auf subtile Weise fungiert das Fernsehen als epistomologische Leitstelle. So wird zum Beispiel die Art, wie wir andere Medien nutzen, in starkem Maße vom Fernsehen bestimmt. Das Fernsehen sagt uns, welches Telefonsystem wir benutzen, welche Filme wir ansehen, welche Bücher, Schallplatten und Zeitschriften wir kaufen und welche Radiosendungen wir hören sollen. Kein anderes Medium hatte die Macht, unsere Kommunikationswelt so nachhaltig zu organisieren, wie es das Fernsehen tut.»[43]

Nun sind sicherlich die Schlußfolgerungen Postmans durch die amerikanischen Gesellschaft geprägt. Aber auch in der Bundesrepublik geht die Entwicklung in dieselbe Richtung. Verkabelung, Ausbau des Netzes privater Sender, die ausschließlich von Werbeeinnahmen existieren müssen, sind Indikatoren, die darauf hindeuten, daß auch hier das Fernsehen bei der Bedürfnisorganisierung eine ähnliche Rolle übernehmen kann wie in den USA.

Die Voraussetzungen hierfür sind durch die Vergesellschaftung oder besser die Verstaatlichung des Erziehungs- und Bildungsprozesses in den letzten 25 Jahren geschaffen. Der in persönlichen, spannungsreichen Beziehungsstrukturen geformte Mensch war ein Krisenherd, dessen Entwicklung nicht kalkulierbar war. Denn er ging Freundschaften ein, entwickelte Ideale, die sich reglementierendem Zugriff nicht nur widersetzten, sondern auch Basis für ein konstruktives Aufbegehren werden konnten. Anstelle der persönlichen Bindungen sind anonyme Identifizierungen der Menschen untereinander getreten. Anonym heißt in diesem Zusammenhang, der einzelne geht keine engen, emotional fundierten Beziehungen zu anderen ein, sondern weiß sich anderen gleich, wenn er sich genau so verhält, wie es die «anderen» von ihm erwarten. Von den anderen erwartet er ebenso selbstverständlich, daß sie die vorgegebenen Verhaltensstandards erfüllen.

Diese Form des «Gemeinschaftserlebnisses» – nach den Maßgaben der heute die öffentliche Diskussion dominierenden zynischen Vernunft wird es tatsächlich so bezeichnet – hat in den letzten 25 Jahren allmählich persönliche Freundschaften als Grundmuster in den Sozialbeziehungen abgelöst. In den Schulen hat man dem nicht nur Rechnung getragen, sondern diese waren Vorreiter bei der Durchsetzung des Vorrangs von Gruppe und Gemeinschaft vor den Individuen. Der andere ist heute kein Mitmensch mehr, mit dessen persönlichem Schicksal man sich identifiziert, sondern mit dem man sich über die Nutzung gleicher Konsumartikel idenfiziert. Insofern ist er ein beliebiges, austauschbares Wesen, zu dem man nur zeitweilige persönliche Beziehungen unterhält, wenn sie der eigenen Interessen- und Bedürfnisbefriedigung dienen. Dabei kann es sich um wirtschaftliche oder sexuelle Bedürfnisse oder um eine Kombination aus beiden handeln.

Die Kulturentwicklung nach diesem Muster ist allerdings in eine Krise geraten. Die Massenbefriedigung durch eine ständige Steigerung der Konsummöglichkeiten hat zu einem weitgehenden Verschleiß der menschlichen Lebensgrundlagen geführt, die jedermann als Umweltprobleme in den letzten Jahren erfahren hat. Die Krise konnte mit den traditionellen Mitteln der Konsumgesellschaft nicht behoben werden, da diese schließlich Ursache der Krise waren. Der Protest gegen die Zerstörung der Lebensgrundlagen führte zur Bildung sozialer Bewegungen und politischer Gruppierungen, die die bisherige Fortschrittsgläubigkeit radikal in Frage stellten. Es zeichnete sich eine Hoffnung ab, daß die grün/alternativen Protestbewegungen eine kulturelle Mutation weg von der Industrie- und Konsumgesellschaft einleiten könnten. Die sogenannten etablierten Parteien und Organisationen (vor allem Gewerkschaften) zeigten Hilflosigkeit bei der Bewältigung der neu aufgetretenen und sich abzeichnenden Probleme. In der Bevölkerung der Bundesrepublik fand grün/alternatives Denken relativ breite Zustimmung, obwohl das Erscheinungsbild der Repräsentanten der neuen Politik nicht immer bürgerlichen Vorstellungen entsprach. Insofern waren die Hoffnungen, die fortschrittsdefensiven Umweltparteien könnten der Kristallisationspunkt einer Gegenkultur werden, die die scheinbare Zwangsläufigkeit der Entwicklung in eine durch sanften Terror gleichgeschaltete Massengesellschaft in Frage stellen könnte, nicht unbegründet.

Diese Hoffnungen haben sich jedoch als trügerisch erwiesen. Die Grün/Alternativen sind längst integriert oder haben aufgegeben. Die Konfliktaustragung findet längst wieder in den vorgegebenen und geregelten Bahnen statt. Es hat einige Systemanpassungen gegeben, die auch längst überfällig waren, aber die Konsumgesellschaft wird nicht mehr grundsätzlich in Frage gestellt. Man hat sich daran gewöhnt, auf dünnem Eis dahin zu trotten. Eine der Hauptursachen für das Scheitern der Gegenbewegungen ist sicherlich deren zu frühe Beteiligung an der politischen Macht; diese kanalisierte den grundlegenden, systemsprengenden Konflikt in die geregelten Bahnen routinierter, politischer Konfliktaustragungsmechanismen und nahm ihm damit seine entscheidende Sprengkraft. Ebenso wichtig war aber auch, daß in der Bundesrepublik keine hinreichende kulturelle Basis für wirkliche Veränderungen vorhanden ist.

Der entscheidende veränderungshemmende Faktor ist unser verstaatlichtes Erziehungs- und Bildungssystem. In den Vereinigten Staaten hat bereits 1960 – die USA sind in dieser Hinsicht der Entwicklung in der Bundesrepublik um ca. 25 Jahre voraus –

der Schulkritiker Paul Goodman auf den Zusammenhang zwischen einer über den Konsum gleichgeschalteten Gesellschaft, einem gleichgeschalteten Schulsystem einerseits und der Unfähigkeit zu gesellschaftlichen Veränderungen andererseits hingewiesen. Goodman konnte als Außenseiter in der amerikanischen Gesellschaft – nur Außenseiter sind in der nivellierten Konsumgesellschaft noch zu einer an die Wurzeln gehenden Kritik fähig (und auch das nur so lange, wie sie Außenseiter bleiben) – nachweisen, daß der Wandel der Schule von einer selbstverwalteten Gemeinschaft zu einer reinen Maschinerie dafür verantwortlich ist, daß die Schulen nur noch konforme Rollenspieler anstelle freier Menschen hervorbringen.[44]

Goodmans Kritik kann, nachdem die kulturellen Probleme uns mit der üblichen Verzögerung erreicht haben, auf die Bundesrepublik übertragen werden. In ihrem Kern läuft sie darauf hinaus, daß zu einer freien, für Veränderungen offenen Gesellschaft ein freies Schulsystem gehört, in dem alternative und freie Schulen ebenso gefördert werden wie staatliche. Darüber hinaus forderte Goodman die Abschaffung der Schulpflicht, damit niemandem etwas aufgezwungen werden kann, das nicht zu ihm paßt. Die Gesellschaft muß nach Goodman wieder offen werden zur freien Austragung (und nicht zur Verdrängung) von Konfrontationen. Das Schulsystem, so kann man hier ergänzend hinzufügen, darf durch seinen Einheitscharakter die gesellschaftlichen Gegensätze nicht verschleiern, sondern muß sie widerspiegeln. Die Bundesrepublik hat nicht das Schulsystem einer freien Gesellschaft, sondern einer gleichgeschalteten. Dadurch fehlt den Heranwachsenden die Möglichkeit, sich einen ihrer tatsächlichen Situation und ihren Problemen entsprechenden gesellschaftlichen Standort zu suchen. Denn daß sie nicht wirklich gleich sind, wissen oder ahnen die Jugendlichen. Aber es gibt keine Orientierungspunkte, keine Vorbilder und Ideale, die richtungsweisend sein könnten. Die Reaktionen sind folglich Resignation und Apathie auf der einen und Destruktivität und Vandalismus auf der anderen Seite.

Quo vadis? – Nicht, «Herr, wohin gehst du?», sondern «Bundesrepublik, wohin gehst du?» ist man angesichts der Entwicklung in den letzten zwanzig Jahren versucht zu fragen. Es waren Entwicklungen, für die einerseits diejenigen des Bildungssystems symptomatisch sind, andererseits war die Entwicklung im Bildungssystem aber auch einer der zentralen Transformationsriemen, die den Weg in die anonyme Massengesellschaft voranbrachten. Die Geschichte der Bundesrepublik ist eine Geschichte der gescheiterten Hoffnungen. Die Hoffnungen, die an das Wirtschaftswunder geknüpft waren, zerplatzten ebenso wie die, die mit der Aufbruchsstimmung einhergingen. Derzeit ist keinerlei richtungsweisende Gestaltung erkennbar, die Sachzwänge diktieren das politische Geschehen. Wohin geht das Ganze? Noch vor einigen Jahren, als das Jahr 1984 allmählich näher rückte, wurde in medienwirksamer Weise nach dem Näherkommen einer perfektionierten Staatsmaschinerie im Sinne Orwells geforscht. Es gab zwar, als die Orwell-Visionen noch die Medien beherrschten, bereits abweichende Deutungen, die Huxleys «Schöne neue Welt» für eine wesentlich realistischere und teilweise bereits realisierte negative Utopie einstuften[45], aber diese Thesen ließen sich nicht in gleichem Maße vermarkten. Ja, daß sie sich nicht in gleichem Maße vermarkten ließen, war ein Indiz dafür, daß die «Schöne neue Welt» bereits teilweise Wirklichkeit geworden war.

Es ist allerdings nicht so, daß – so wie Neil Postman analysierte – wir uns zu Tode amüsieren. Wenn wir uns amüsieren, setzt das voraus, daß wir aktiv etwas tun. Wir werden vielmehr zu Tode amüsiert und bis zur Abgestumpftheit zerstört. Ein immer perfekter werdendes Zusammenspiel der Manipulationsagenturen von der Seelsorge über die Eheberatung bis zu den Beratungsstellen bei Schulproblemen sorgt dafür, daß die «Wohltaten» der Konsumgesellschaft immer bereitwilliger akzeptiert werden. Treten einmal Integrationsprobleme auf – zweifelt jemand an dem Sinn der Sinnlosigkeit –, so stehen differenzierte Therapieangebote bereit, die Selbstzweifel alsbald zerstreuen. Das Ziel ist der systemgerechte Mensch, der Probleme erst verleugnet, dann überzeugt ist, daß es keine Probleme gibt, und folglich selbst auch keine Probleme mehr macht.

Die Aktivitäten zur Erhöhung der Fähigkeiten in diesem Gesellschaftssystem, die Menschen durch immer differenziertere Therapieangebote gleichzuschalten, werden nicht etwa von Psychopathen geplant und durchgeführt – das war der Hintergrund der Argumentation Orwells, der unter dem Eindruck der Schreckensherrschaft Hitlers, Stalins, aber auch der unkontrollierten Expansion des Wirtschaftsimperialismus stand –, sondern sie erfolgen, weil soziale Stabilität zum dominierenden Ziel politischen Handelns geworden ist. Es ist nicht etwa die soziale Stabilität, welche die Menschen zur Entfaltung ihrer Kreativität und Schaffenskraft benötigen, sondern die soziale Stabilität, die eine ungestörte Entwicklung des befriedeten Daseins garantiert. Die Menschen müssen zur Sicherung dieser Stabilität so genormt werden, daß sie durch ihr Verhalten die Grundfesten der anonymen Massengesellschaft nicht in Frage stellen.

Voraussetzung hierfür ist eine Zentralisierung der Macht. Dies geschieht in einer parlamentarischen Demokratie mit einer «freiheitlichen Grundordnung» nicht auf direktem Wege. Zumal derzeit auch die charismatischen Psychopathen in der Bundesrepublik, die durch einen Handstreich Orwellsche Verhältnisse schaffen könnten, fehlen. Die Enteignung des Ichs erfolgt vielmehr auf indirektem Wege. Sie ist auch kein bewußt gesteuerter Prozeß mehr, da die Ideologen, die ihn initiiert haben, längst den Überblick über alle Konsequenzen und Folgeprobleme verloren haben. Die schleichende Enteignung des Ichs beginnt immer wieder – das ist eines der traurigsten Kapitel in der Geschichte der Menschheit – mit einem Aufbruch in eine bessere Zukunft. Man entdeckt soziale Ungerechtigkeiten, forscht nach ihren Ursachen und beginnt eine bessere Gesellschaft zu entwerfen. Dabei ist es wichtig, daß man einen vorzeigbaren Adressaten, für den man das alles tut, vorzuweisen hat. Das waren in diesem Fall die Industriearbeiter.

Jede Revolution und Reform hat ihren Popanz, dessen «wirkliche Interessen», die er selbst nicht wahrzunehmen vermag, nur von den dazu «Berufenen» wahrgenommen werden können. Da dieses «wirkliche Interesse» ja auch immer irgendwie zum allgemeinen Interesse erhoben werden kann, handeln die Revolutionäre und Reformer auch immer im Interesse des Gemeinwohls. Als sich in den sechziger Jahren die heutigen APO-Veteranen anschickten, die Gesellschaft der Bundesrepublik in revolutionärer Weise zu verändern, waren diese anfänglich ehrlich genug, ihre eigenen Probleme zum allgemeinen Popanz zu erheben, auch wenn dies natürlich öffentlich nicht so dargestellt werden konnte.

Motiviert von ihrem geistigen Vater Herbert Marcuse begannen sie die Verdrängungs- und Verleugnungsmentalität ihrer leiblichen Väter aufzubrechen und mit Wut und Aggression gegen das Bestehende anzurennen. Es war endlich einmal eine Generation, die nicht nach einer kurzen Phase des Aufbegehrens sich mit dem Bestehenden versöhnte, dieses in der Folgezeit veridealisierte und dann genauso wie die Vätergeneration wurde, sondern die wirklich etwas zerstörte, das schon lange hätte zerstört werden müssen. Freie Kindererziehung, Freie Lebensführung, Freie Liebe etc. wurden nicht nur propagiert, sondern auch praktiziert. Unabhängig davon, wie und mit welchen Konsequenzen, Fehlern und Folgen die Ansprüche jeweils realisiert werden konnten, für eine gewisse Zeit erschien ein anderes, den tatsächlichen Bedürfnissen entsprechendes Leben möglich. Es war die Zeit, in der nicht mehr die Eltern die Kinder schlugen, sondern umgekehrt die Eltern schon einmal Hiebe der Kinder akzeptierten. Das Zeitwort «vögeln» wurde mit der gleichen Selbstverständlichkeit gebraucht wie essen, trinken und gehen. Es wurde eine quasi öffentliche Tätigkeit. Man wollte es den Alten einmal so richtig zeigen, und bei deren verklemmter Moral konnte man diese am ehesten treffen, wenn man sich wie ein Ferkel aufführte.

Freiheit und Spontaneität – der Anarchismus Marcuses – vermochten aber nur für eine Übergangszeit den Revolutionären eine Identität zu vermitteln. Sie wurden um 1970 herum von Determinismus und Organisierung – den Ordnungsvorstellungen von Marx – abgelöst. Damit war allerdings auch die Zeit vorbei, in der die Revolutionäre dadurch, daß sie ihre eigenen Beziehungsprobleme zu lösen beabsichtigten, glaubten, auch die Probleme der ganzen Gesellschaft zu lösen. Zwar konnte nicht alles, was an freiheitlichen Potentialen freigesetzt worden war, wieder aufgehoben werden, aber das Rad begann sich wieder zurückzudrehen. Die Revolutionäre begannen sich wie «wirkliche» Revolutionäre zu verhalten und kümmerten sich vorrangig um die Probleme der anderen. Die Lösung der Probleme der anderen führte – dank Marx – über die Lösung der Probleme der Arbeiterschaft. Revolutionäre und sozialliberale Reformer, die nun auch die Benachteiligung der Arbeiter entdeckten, machten sich daran, für die Arbeiterschaft die Dinge zum Positiven zu verändern.

Freiheit und Emanzipation waren zwar noch die Schlagworte, mit denen Handeln legitimiert wurde, realisiert werden sollten sie aber nach dem Prinzip, das Freiheit ausschließt. Das ist – hier wirkt sich der unheilvolle Einfluß von Marx aus – das Prinzip des Determinismus. Determinismus schließt auch dann Freiheit aus, wenn er sich ausdrücklich, wie auch in diesem Falle, auf Freiheit beruft. Für die Popanze der Reformer (die Revolutionäre schwenkten allmählich zu einem nicht unerheblichen Teil in dieses Lager über) – die Arbeiter – bedeutete dies, daß sie durch Reformmaßnahmen so «entwickelt» werden sollten, daß sie irgendwann keine Arbeiter mehr sein oder sich zumindestens nicht mehr so verhalten sollten. Ihre gesamten Defizite (Arbeiter wurden, nachdem man sie erst einmal entdeckt hatte, selbstverständlich ähnlich wie Kinder den Mindermenschen zugeordnet): das sogenannte statisch-defensive Bewußtsein, eingeschränkte Fähigkeiten im Sprachverhalten etc. sollten durch eine fürsorgliche Betreuung und gezielte Sozialisierung behoben werden.

Selbstverständlich konnten sie im Prozeß der Emanzipation von traditionellen Rollenbildern sich nicht selbst überlassen bleiben. Das deterministische Selbstverständnis der Reformer schloß selbstinitiierte Veränderungsprozesse in Arbeiterfamilien (durch Veränderung der eigenen Lebensumstände) aus. Staatliche Förderprogramme sollten Arbeiterattitüden in Mittelstandsverhalten transformieren. Ein wenig überspitzt formuliert könnte man festhalten: Es zeichnete sich seinerzeit eine Entwicklung ab, in der es für wünschenswert gehalten wurde, möglichst jedem Arbeiterkind von Geburt an eine(n) Sozialarbeiter(in) an die Seite zu stellen, damit sie auch schön mittelständisch sprechen lernen.

Der APO- und Reformerpopanz Arbeiter war von einem Dilemma heraus in ein anderes hineingeraten. Vor den Reformen waren es «eiserne» Vererbungsgesetze, die ihm nur eingeschränkte Entwicklungsmöglichkeiten zugestanden. Nach den Reformen, als die Ungleichheit der Schulchancen nicht mehr auf die unterschiedliche Qualität von Vererbungsprozessen zurückgeführt wurde, sondern auf unterschiedliche stimulierende gesellschaftliche Prägungen, waren es die «eisernen» Gesetze gesellschaftlicher Schichtung, die den Untenstehenden nahezu jegliche Entwicklungschancen absprachen. Der «wissenschaftliche» Erklärungshintergrund hatte sich grundlegend gewandelt, die Objektrolle der Arbeiter hatte sich aber nicht geändert.

Ca. 20 Jahre nach den Höhepunkten der Studentenrebellion und der allmählichen Intensivierung der Bildungsreformen ergibt sich folgendes Bild: Der Popanz Arbeiter hat lange ausgedient, und Arbeiterkinder sind längst ein selbstverständlicher Bestandteil an weiterführenden Schulen und Universitäten geworden. Waren die Bildungsreformen also doch ein Erfolg? Die Antwort kann nur «nein» lauten. Die Bildungsreformen haben vielmehr ein verändertes Bildungsverhalten in Arbeiterfamilien nicht verhindern können. Das wird sehr schnell deutlich, wenn man untersucht, was in den letzten zwanzig Jahren tatsächlich geschehen ist.

Das von den Sozial- und Kulturingenieuren entworfene Bild eines Arbeiterkindes zeigte eine Kinderwirklichkeit, nach der diese zu Eigenentwicklungen nicht fähig sind. Nur durch staatsfürsorgliche Betreuung und Begabung waren danach positive Entwicklungstendenzen zu erwarten. Ohne Förderung von «außen» keine Entwicklung, so lautet das Resümee, das sich aus allen damals entwickelten Aktivitäten und Programmen ergibt. Dieses den Reformen zugrundeliegende Mindermenschenbild begann sich aber bald aus seinen Entstehungszusammenhängen zu verselbständigen, ohne daß dies den Akteuren bewußt wurde. Es wurde nicht mehr allein Arbeiterkindern zugesprochen, sondern irgendwann in den siebziger Jahren galt für alle Kinder verbindlich: «Ohne Förderung von ‹außen› keine Entwicklung.» Jetzt waren wirklich alle Kinder gleich geworden. Ihnen wurden gleichermaßen Eigenentwicklungsmöglichkeiten abgesprochen, und sie wurden in den Förderprogrammen gleichermaßen alle über einen Kamm geschoren. Schlimm ist es nur für die Kinder, die in die staatlich verordnete Gleichheit nicht hineinpassen.

Was ist eigentlich aus den Arbeitern geworden? Es gibt sie noch. Aber für ihre ehemaligen selbsternannten Vertrauensleute (insbesondere Soziologen) sind sie nur noch von Interesse, wenn sie arbeitslos sind.

Liberté, Egalité, Fraternité (Freiheit, Gleichheit, Brüderlichkeit), das Losungswort der Französischen Revolution, erstmals im Juni 1793 verkündet, könnte – mit einer Einschränkung – auch das Losungswort der neuen Aufklärung sein, in deren Namen die Bildungsreformen durchgeführt wurden. Brüderlichkeit oder Solidarität unter den Menschen zu schaffen war wohl nie das Ziel der Macher, denen wir die heutige Bildungswirklichkeit verdanken. Unter Freiheit verstand man eine Befreiung von benachteiligenden externen (gesellschaftlichen) Bedingungen, die insbesondere die Konkurrenzfähigkeit von Arbeiterkindern gegenüber Mittelschichtkindern verbesserte. Gleichheit bedeutete, alle Menschen als gleich zu deklarieren und die gesellschaftlichen Ausgangsbedingungen so zu gestalten, daß alle die glei-

chen Wettbewerbschancen erhielten. Da war dann für Brüderlichkeit kein Platz mehr.

Nachdem die Brüderlichkeit schon beim Start der gesellschaftlichen Umgestaltung des Bildungswesens vergessen worden war,
blieb nur eine relativ kurze Zeitspanne, da geriet auch die Freiheit – von den Reformern als Emanzipation werbewirksam angeboten – bald in Vergessenheit. Das war auch nicht anders zu
erwarten. Denn die Aufklärung kennt nur die Befreiung von ein-
schränkenden gesellschaftlichen Bedingungen. Nicht aber die
Freiheit gegenüber dem Neuen, daß in ihrem Namen geschaffen
worden ist. Es blieb die Gleichheit – die Egalität. Alle Kinder
sind gleich, entsprechen dem Bild, das die Macher von ihnen entworfen haben. Sicherlich auf der Basis statistischer Durch-
schnittswerte. Diejenigen, deren Erscheinungsbild zu sehr von
der verordneten Gleichheit abweicht, werden gleichgemacht.
Das war die Geburtsstunde der Interventionspädagogik.

Es war aber nicht nur die Gleichheit der Kinder erklärt worden,
sondern alle – da sie ja gleich waren – sollten die gleiche Entwicklung durchlaufen, gleichermaßen gefördert werden. In entschie-
dener Weise war damit gegenüber dem Menschenbild der Romantik, die in den menschlichen Bemühungen, sich aus sich
selbst heraus zu verstehen, den Gegenpol zur Aufklärung bildet,
Position bezogen. Das Menschenbild der Romantik verklärt die
Verschiedenartigkeit der Menschen. In ihm wird versucht, durch
eine Betonung und Förderung der menschlichen Verschiedenartigkeit gesellschaftliche Entwicklungen zu gestalten. Für das
Anderssein ist hinreichend Raum vorhanden, aber auch für soziale Abhängigkeiten und Ungerechtigkeiten, die in diesem Vor-
stellungsbild immer noch Legitimation finden können. Anders
ist dagegen die Aufklärung. Zu ihren Kernvorstellungen gehört
die Gleichheit der Menschen. In ihrem Namen wird alles beseitigt, das Einschränkungen und Benachteiligungen beseitigt, beseitigt werden aber auch nur allzu oft Freiräume für individuelle
Entwicklungen, die jenseits der verordneten Gleichheit liegen.
Legitimiert wird das Ganze in der Regel damit, daß individuelle

Interessen für eine gewisse Zeit zurücktreten und Privilegien zurückgeschnitten werden müssen, damit es spätere Generationen einmal besser haben werden. Der nächste Schritt erfolgt automatisch. Da der Gemeinschaft, der Gesellschaft oder dem Kollektiv (die Verwendung des jeweiligen Begriffs ist an den ideologischen Hintergrund der Machthaber gebunden, sie bedeutet keinesfalls qualitative Unterschiede des Geschehens) ein wesentlich höherer Stellenwert zuerkannt wird als dem Individuum, kann der Mensch seine eigentliche Wirklichkeit auch nicht mehr individuell erleben, sondern nur in der Gemeinschaft. Es ist dann auch nur folgerichtig und konsequent, wenn die Organisierung des Gemeinschaftserlebnisses nicht den Individuen überlassen bleibt (das könnte unkontrollierbare Folgeprobleme hervorrufen), sondern dem höchsten Organ, das eine Gemeinschaft hervorbringen kann. Das ist der Staat.

Gemeinschaft gehört ebenso wie soziale Stabilität zu den Errungenschaften, die die Menschen unter schwierigen Umweltbedingungen zur Verbesserung der eigenen Überlebensfähigkeit hervorgebracht haben. Verselbständigen sich jedoch die an die Gemeinschaft geknüpften Erwartungen, so wird sie ein Element zur Unterdrückung des Menschlichen. Die Überordnung der Gemeinschaft über das Individuum zur Sicherung sozialer Stabilität löst in der Regel einen Prozeß aus, der zur Eliminierung der Individualität führt. Gerade auf diesem Weg befindet sich die Bundesrepublik. Sie ist darin schon weiter fortgeschritten als jede andere westliche Gesellschaft (Ausnahme Schweden). Hierin ist auch die Wurzel zu sehen, daß es zu einer grundgesetzwidrigen Ausweitung der Rolle des Staates im Erziehungs- und Bildungswesen gekommen ist. Der konsequente Ausbau der Vorschulerziehung erfolgte ebenfalls unter diesen Vorzeichen (die Kinder möglichst früh gleichermaßen schulgeeignet = massengesellschaftsgeeignet zu machen). Aber vor allem die Unterdrückung des Aufkommens freier Schulen, in denen staatlich nicht kontrollierbare Prozesse der Persönlichkeitsentwicklung stattfinden könnten, dienten dieser Entwicklung.

Abschließend stellt sich die Frage, welche politischen Möglichkeiten bestehen, um aus dem heutigen Bildungsunwesen, das die Untertanengesellschaft Bundesrepublik stabilisiert, ein lernbefähigendes, auf Kinder ausgerichtetes System zu machen. Der grün/alternative Protest ist gescheitert, zumindestens sind auf absehbare Zeit keine konstruktiven Impulse hiervon zu erwarten. Läßt man an dieser Stelle den Elternwiderstand, der sich ja auch erst noch formieren muß, einmal außer acht, so bleiben zwei zentrale politische Richtungen oder Deutungsmuster, um die sich die die politische Macht in der Untertanengesellschaft ausübenden Parteien organisiert haben. Diese beiden zentralen politischen Richtungen sollen im folgenden daraufhin untersucht werden, ob und welche Veränderungsimpulse für die Schulentwicklung aus ihnen zu erwarten sind und ob die Strukturen der Untertanengesellschaft dadurch stabilisiert oder in Frage gestellt werden.

Die längste Zeit wurde das politische Geschehen in der Bundesrepublik von einer konservativ- oder bürgerlich-liberalen Richtung bestimmt. Zur Zeit wird dieses Spektrum von CDU/CSU/ FDP abgedeckt. Den Gegenpol bildet eine modern-reformerische politische Gesellschaftsgestaltung, die derzeit von der SPD, aber auch Teilen der Grünen, repräsentiert wird. Gelegentlich wird diese Variante von der FDP liberal akzentuiert. Dem modern-reformerischen politischen Selbstverständnis verdanken wir das heutige Schulsystem. Dort ging man von der grundsätzlich richtigen Annahme aus, daß die Gesellschaft – so wie sie ist – das Resultat menschlichen Handelns und folglich veränderbar ist. Insbesondere die gezielte Anwendung wissenschaftlichen Erklärungswissens, um Veränderungen plan- und kontrollierbar zu machen, spielt in diesem Selbstverständnis eine spezielle Rolle. Die Diskrepanz zwischen dem, was machbar ist, und dem, was die Macher für machbar halten, ist es, die selbst beste Absichten in ihr Gegenteil sich verkehren läßt. Die Menschen geraten von einer Abhängigkeit in eine neue, immer perfekter organisierte Abhängigkeit hinein.

Der moderne Wohlfahrtsstaat, das Ergebnis modern-reformerischer Politikgestaltung, auch Vorsorge- und Interventionsstaat genannt, hat sich zu einem die Individualität zerstörendes Gebilde entwickelt. In ihm sind die Individuen aus der Abhängigkeit durch Armut in die Abhängigkeit von den Bürokratien des Sozialstaates geraten. Es wird für alles gesorgt, man muß nur seine Individualität dem Sozialamt übereignen. Das reicht nicht – wie man früher irrtümlicherweise annahm – von der Wiege bis zur Bahre, sondern beginnt bereits lange vor der Geburt. In Schwangerschaftsvorsorgeuntersuchungen wird festgestellt, ob alles «normal» verläuft oder ob ein auffälliges Kind zu erwarten ist. Mit deutscher Gründlichkeit werden lange, bevor so ein kleines Wesen das Licht der Welt erblickt, dessen Lebenschancen erörtert und mögliche Interventionsstrategien vorgeschlagen, mit denen eventuellen Auffälligkeiten begegnet werden kann. Sicherlich erfolgt das alles, weil man Risiken vermeiden und vorsorgen will. Aber welchen Risiken wird denn tatsächlich begegnet, und wem nützt eigentlich dieser ganze Daseinsvorsorgeapparat?

In erster Linie wird nämlich gegen die Risiken menschlicher Individualität und damit auch menschlicher Mündigkeit vorgesorgt. Selbstverantwortung und Selbsttätigkeit sind der Schrecken für jeden Daseinsvorsorger des Sozialstaates. Sie müssen durch ein dichtes Beratungsnetz, das den einzelnen möglichst als ein – allerdings wohlmeinendes – Überwachungsgesetz erscheint, erstickt werden. Unausweichlichkeit und Unvermeidbarkeit ist es, was von den Beratungsstellen ausgestrahlt werden muß. Erreicht ist dies, wenn der einzelne sich schuldig fühlt, falls er Probleme in eigener Zuständigkeit lösen will, oder auch: wenn er sein Kind nicht mit drei Jahren der staatlichen Förderung in den Kindergärten übergibt.

Ursprünglich war die ganze Daseinsvorsorge des Wohlfahrtsstaates geschaffen, um denjenigen, die aus sozialen Ursachen heraus nicht zu selbstverantwortlichen Lösungen imstande waren, gleiche Lebenschancen zu geben. Aber mit bürokratischer Gesetzmäßigkeit weitet der Vorsorgeapparat seine Eingriffsmöglichkeiten aus. Staatliche Vorsorge bringt den einzelnen ohnehin in Abhängigkeit. Daraus ergibt sich: je differenzierter das Vorsorgepotential, desto größer die Abhängigkeit. Es wird aber auch wahrscheinlicher, daß der bürokratische Apparat unkontrollierbarer wird und beginnt, nach Eigengesetzlichkeiten zu wachsen. Der Apparat «erfindet» immer neue Eingriffs- und Vorsorgemöglichkeiten, die im rationalen Gewand angeboten werden, so daß sich niemand den daraus abgeleiteten Ansprüchen ohne weiteres entziehen kann. Denn schließlich dient alles guten Zwecken.

Mit dem allgemeinen Wachstum des Wohlfahrtsapparates wächst auch dessen latente Drohfähigkeit. D. h., er wird ein Bestandteil dessen, dem gegenüber der einzelne sich in resignativer und ohnmächtiger Position befindet. Dies wiederum bewirkt ein Wachstum des bürokratischen Charakters der Rolleninhaber im Apparat. Ein Wachstum des bürokratischen Charakters zeigt sich darin, daß die Rolleninhaber sich in zunehmendem Maße mit der Macht des Apparates, dem sie angehören, identifizieren und die verinnerlichte Macht in die Außenbeziehungen einfließen lassen. Seine latente Drohfähigkeit – offen wird man die eigene Macht nicht demonstrieren, das hätte zu leicht negative Folgen und könnte die Nachbarschaft von Wohlfahrt und Herrschaft enthüllen – wächst parallel zu diesen Prozessen. Selbstbewußtes Auftreten der Vorsorger und augenfällige strukturelle Macht des Apparates bewirken, daß der einzelne bereitwillig dessen Vorsorgeangebote annimmt. Man will ja kein Außenseiter sein.

In dem modern-reformerischen Politikverständnis sind keine Freiräume für eine Gegensteuerung vorhanden. SPD und große Teile der Grünen, die derzeit dieses politische Spektrum repräsentieren, werden – wenn die finanziellen Mittel dafür vorhanden sind – mit einem weiteren Ausbau «sozialstaatlicher» Maßnahmen auf die wachsenden Schulprobleme reagieren. Konkret bedeutet das: noch mehr Beratungsstellen, noch mehr «Förderungsmöglichkeiten» und ein weiteres Zurückfahren der Wissensvermittlung in den Lehrplänen. Wenn dieser Weg beibehalten wird, dann wird man irgendwann ein Abitur für Analphabeten einführen müssen, um den Einseitigbegabten, die dann mit Sicherheit nicht mehr Lesen und Schreiben lernen werden, Studienmöglichkeiten offenzuhalten.

Es bleibt also die Frage, welche Möglichkeiten im bürgerlich-liberalen Politikverständnis für eine erfolgreiche Gegensteuerung vorhanden sind. Dort vertraut man bei der Herstellung gesellschaftlicher Ordnung und Stabilität auf Marktmechanismen, geht davon aus, daß nicht alles durch Menschen machbar ist, sondern bestimmte Dinge als unabänderlich hingenommen werden müssen. Das Prinzip «Eigennutz» treibt die Menschen an, und der Markt kanalisiert die Energien in richtiger Weise. Die hierin enthaltene Grundannahme von autonomen Entfaltungsräumen für Menschen ist aber nur ein schöner Traum. Sie gilt – mit großen Einschränkungen – allenfalls für das Wirtschaftssystem. Überall dort, wo der Wohlfahrtsstaat Macht über Menschen vermittelt (vor allem im Bildungssystem), unterscheidet sich die bürgerliche Politik in keiner Weise von der modern-reformerischen. Teilweise sind die «Bürgerlichen» in ihren Anschauungen sicherlich von den durch die Reformen geschaffenen Fakten überrollt worden, zum größeren Teil werden sie es aber sicherlich nicht als unangenehm empfinden, Macht auszuüben.

Fazit: Die Konservativen und Bürgerlichen vermögen keinen Wandel mehr einzuleiten, der aus der anonymen Massengesellschaft eine Gesellschaft von Individuen macht. Wenn sie überhaupt agieren statt reagieren, wie die Konservativen mit ihrer Forderung nach mehr Mut zur Erziehung, dann wird der Druck in Richtung zum traditionellen Untertanen verstärkt, für dessen «Tugenden» aber niemand mehr Verwendung in dieser Gesellschaft hat. Von den Reformern ist auch nicht mehr zu erwarten. Die Untertanen, die von ihnen geschaffen werden, sind sicherlich modernere Untertanen, bessere Systemglieder, aber positive Impulse für eine Gesellschaftsentwicklung, die für Menschen artgemäße Entwicklungsperspektiven enthält, sind nicht erkennbar.

Das Konzept Schaffung, Stabilisierung und Weiterentwicklung einer Gesellschaft durch Erziehung ist gescheitert. Es hat seine Entwicklungsperspektiven verbraucht. Es müssen neue Wege gefunden werden, über die diese Gesellschaft wieder kreative Problemlösungspotentiale aufbauen kann. An die Stelle einer bürokratischen effizienten Verwaltung der Arbeitslosigkeit beispielsweise müssen innovative Individuen treten, die die Ursache für Arbeitslosigkeit beseitigen. Der Untertan verwaltet, der freie Mensch löst Probleme – ob das wirklich so aufgeht, steht im folgenden im Mittelpunkt.

2. Ist die Gesellschaft von Freien möglich?

Für die Antipädagogen und die ihnen geistesverwandten Verfechter einer freien Gesellschaft sind die traditionellen Vorstellungen von Schule und Erziehung Basis einer unmündigen Gesellschaft. Den Verteidigern des Status quo dagegen fällt zu Antipädagogik allenfalls Orientierungs- und Haltlosigkeit ein. Aber so schwarz und weiß läßt sich dies alles nicht mehr erfassen, und grau ist auch keine Lösung. Die Hilflosigkeit, mit der in unserer Gesellschaft auf Überlebensprobleme reagiert wird, zeigt, daß die Möglichkeit von Freiheit auf realisierbare Perspektiven hin untersucht werden muß. In einer freien Gesellschaft wäre auch für die Zwangsanstalt Schule kein Raum. Die Alternative hieße – das wird auch von denjenigen, die nach neuen Wegen suchen, immer wieder betont – nicht freie Schule, sondern frei organisiertes Lernen. In welchem Rahmen dies dann stattfindet, bleibt von sekundärer Bedeutung.

«Erziehung» zur Freiheit, frei organisierte Bildung und eine freie Gesellschaft als Endziel, in der die Menschen in kreativer Weise sich auf der Welt einrichten und denen, wenn sie sich der Welt gegenüber stellen, andere Vokabeln einfallen als Nutzung,

Ausbeutung, Unterjochung. Ob das mehr als ein schöner Traum sein kann, soll im folgenden untersucht werden. Damit beginnen aber auch die Probleme. Was ist eigentlich Freiheit? Den Arbeiterkindern sollten die Bildungsreformen mehr Entscheidungsfreiheit in der Wahl ihrer Schulbildung verschaffen. Was daraus geworden ist, ist bereits dargestellt. Reformen von «oben» vergrößern auch wohl kaum den Spielraum für Freiheit. Sind aber die emanzipierten Frauen frei? Sie haben sich sicherlich von traditionellen Einschränkungen und Benachteiligungen befreit, jedoch umgehend in neue Abhängigkeiten begeben, indem sie sich an das eigene Weltbild verengende feministische Ideologien banden oder den «Emanzipationsprozeß» dann abbremsten bzw. zu stoppen beabsichtigten, wenn sie gleichberechtigt neben den Männern, die ja nun in keiner Weise frei sind, ihr Unwesen in der Gesellschaft entfalten können. Es ist keine Befreiung, wenn man alte gegen neue Abhängigkeiten eintauscht. Auch wenn man in den neuen Abhängigkeiten besser dem Zeitgeist entspricht.

Frei zu sein ist eine schwierige Angelegenheit. Es ist kein individueller oder gesellschaftlicher Zustand, den man irgendwann einmal erreicht haben kann, wenn man alle Ursachen, von denen man annahm, daß sie Unfreiheit verursachten, beseitigt hat. Die Anhänger von Karl Marx haben das – zumindestens diejenigen, die in dessen Namen «befreit» worden sind – schmerzlich erfahren. Wenn die Vorstellungen von Freiheit mehr sein sollen als ideologische Formeln, mit denen die Positionen der politisch Andersdenkenden diskriminiert werden, ist an erster Stelle eine widerspruchsfreie Bestimmung von Freiheit notwendig. An oberster Stelle muß dann die Leitidee stehen, daß alle Menschen in einer Gesellschaft ein Recht auf Freiheit haben. Das schließt ein, daß es keine Freiheit zum Bösen gibt, denn die hebt die Freiheit anderer auf. Aber noch aus einem anderen Grund ist die Annahme, daß es auch eine Freiheit zum Bösen geben kann, falsch. Sie geht von Voraussetzungen aus, die Freiheit ausschließen. Denn in letzter Konsequenz wurzelt sie in sozialdarwinistischen Vorstellungen, nach denen jeder die «Freiheit» hat, sich auf seine Art durchzusetzen. Aber der Darwinismus ist eine Theorie, die aus Entwicklungen in der Natur gewonnen wurde, und in der Natur gibt es eine bessere Überlebensfähigkeit der optimal Angepaßten und der Stärkeren, deren Gene sich im Wege der natürlichen Auslese durchsetzen. Für Freiheit ist hier kein Raum. Der entstand erstmalig, als die menschliche Vernunft auf der Erde auftrat.

Damit ist ein weiteres Problem angesprochen. Denn unzweifelhaft entstammt der Mensch biologischer Evolution. Das schließt ein, daß er in Bereichen seiner Existenz ja selbst noch den Bedingungen biologischen Lebens unterliegt, also selbst determiniert ist. Freiheit heißt in diesem Zusammenhang Freiheit gegenüber den eigenen biologischen Wurzeln, die sich im eigenen Handeln und Verhalten in Antrieben und «Zwängen» äußern, deren Herkunft im für uns Unbewußten zu suchen ist. Gefühlsmäßige Neigungen und hieraus resultierende Bindungen und Abhängigkeiten gehören in selbstverständlicher Weise zur menschlichen Existenz. Die Fähigkeit, frei zu sein, bekommt durch sie aber erkennbare Grenzen. Damit ist jedoch erst eine Seite in der Problematik des Vollzugs von Freiheit erfaßt. Denn durch das, was die Menschen selbst geschaffen haben – die Gesellschaft –, gehen sie Bindungen ein und sind Abhängigkeiten ausgesetzt, die die Möglichkeit von Freiheit wieder einschränken. Wie kann gegen die immer übermächtiger werdende Massengesellschaft, gegen das eigene «irrationale», stammesgeschichtliche Erbe überhaupt Freiheit gewahrt bleiben?

Die Durchsetzung und Bewahrung von Freiheit ist ein Prozeß, der ständige Aktivitäten und Anstrengungen voraussetzt. Allerdings nicht die zeitgemäßen forschen und dynamischen «Hoppla, jetzt kommt nichts»-Aktivitäten, sondern durch Nachdenklichkeit gespeiste Aktivitäten. Nachdenklichkeit über die bestehenden psychischen und gesellschaftlichen Bindungen und Abhängigkeiten, die bestimmend und determinierend auf die eigene Existenz einwirken. Wenn man das, was die eigene Existenz prägt und bestimmt, erkannt hat, ist es notwendig, sich hierzu in eine kritische Distanz, in eine Beziehung und ein Verhältnis zu setzen. Dieser Prozeß, den man auch eine Selbstsetzung nennen kann, ist die wichtigste Voraussetzung für Freiheit. Denn aus dieser Selbstsetzung heraus kann man das, was einen abhängig macht und bindet, z. B. falsche Programmierung durch «Erziehung», in kritischer und distanzierter Weise nachvollziehen. Es wird dadurch aufhebbar, und die Beziehung zu den Abhängigkeiten kann damit neu, nach selbstgesetzten Maßstäben, und damit frei bestimmt werden.[46]

Der Vollzug von Freiheit ist somit eine selbstbestimmte Aufhebung und Neuregelung, aber auch selbstbestimmte Bestätigung der Beziehungen zu den eigenen biologischen und gesellschaftlichen Abhängigkeiten. Freiheit ist damit nichts Endgültiges und ein für allemal Erreichbares, sondern man muß sich ihrer in einer ständigen Auseinandersetzung immer wieder versichern. Frei zu sein ist kein absolut möglicher Zustand, sondern nur ein relativ möglicher. Die Instanz im Menschen, die Freiheit in diesem für viele sicherlich bescheidenen Rahmen möglich macht, ist die Vernunft. Durch die Vernunft vermag der Mensch die Dinge abwägend und distanziert («umweltfrei») zu beurteilen. Nur wenn *sie* gegenüber den vermeintlichen gesellschaftlichen Sachzwängen und den eigenen psychischen Antrieben geltend gemacht wird, wird Freiheit möglich.

Die Fähigkeit zur Freiheit ist mit der Fähigkeit zur Vernunft im Menschen prinzipiell angelegt. Sie hat aber eine schmale Basis: Auch der sich über die Vernunft selbstbestimmende Mensch kann sich irren. Aber eine Gesellschaft der Freien wird trotz möglicher Irrtümer die Entwicklung zu Katastrophen vermeiden und allmählich ihre Lernfähigkeit gegenüber den tatsächlichen Problemen zurückgewinnen. Um die Menschheit wieder zu einer überlebensfähigen Gattung werden zu lassen, sollte das Wagnis einer freien Gesellschaft in Angriff genommen werden. Der erste Schritt in diese Richtung ist eine völlig veränderte Gestaltung der Beziehung der Generationen zueinander.

In der jetzigen Gesellschaft wird diese Beziehung von Mißtrauen getragen. Es ist das Mißtrauen derjenigen, die glauben, im Namen der Verantwortlichkeit, die sie nie hinterfragt haben, sondern der sie blind folgen, Macht ausüben zu müssen gegenüber denjenigen, die in irgendeiner Weise von dieser Macht abhängen. Das geht von den Familien aufwärts bis zu den sogenannten politischen Schaltstellen in der Gesellschaft. Vorrangig richtet sich das Mißtrauen gegen die Heranwachsenden, aber auch gegen die Alten. Mißtrauisch gegenüber den Fähigkeiten der Heranwachsenden (daß diese aus eigener Kraft zu positiver Entwicklung imstande sind und hierfür nur die notwendigen Rahmenbedingungen geschaffen werden müssen) führt dazu, daß diese verfolgt (auch Erziehung genannt) werden, in der Schule «gefördert» und ständig gezielter Beeinflussung von außen ausgesetzt sind. Bei den Alten bewirkt es, daß diese nicht wie früher bei den Prärie-Indianern als Weise geachtet und behandelt werden, sondern als senile Idioten, die wie Kinder wieder in staatliche Aufbewahrungsanstalten abgeschoben werden. Mißtrauen ist das zentrale Strukturelement der Untertanengesellschaft. Vertrauen dagegen der Strukturierungskern der Gesellschaft der Freien.

Vertrauen entfaltet seine Wirksamkeit bereits nach der Geburt eines Menschen. Genau genommen bereits vor der Geburt. Eine Frau, die Vertrauen zu sich selbst und den in ihr wachsenden Menschen hat, wird sich nicht einer Tortur von Vorsorgeuntersuchungen unterwerfen, von denen niemand weiß, inwieweit die diese begleitenden Unsicherheiten und Ängste (Entspricht auch ja alles den Normalwerten?) von dem kleinen Menschen wahrgenommen werden und in dessen psychisches Wohlbefinden nachhaltig eingreifen. Nach der Geburt wird sie dem Kind zugestehen, daß *es* nach seinen Bedürfnissen seinen täglichen Lebensrhythmus bestimmt. Das hat überhaupt nichts mit Affenliebe, die einen kleinen Tyrannen hervorbringt, zu tun. Man achtet vielmehr die Bedürfnisse, das Wohlbehagen und Unbehagen, das auch ein Baby nachhaltig auszudrücken vermag, und richtet das eigene Verhalten danach. Je mehr es heranwächst, um so mehr werden für Außenstehende die Neigungen, Interessen und Begabungen erkennbar. Dies ist die Zeit, in der die Erwachsenen für die Werk- und Spielzeuge sorgen müssen, mit denen eine altersgemäße Entfaltung der Kinderpersönlichkeit ihren Fortgang finden kann. Wichtig in diesem Zusammenhang ist, daß dieses als ein Angebot, das auch zurückgewiesen werden kann, erfolgt und nicht als eine gezielte Förderung.

Die naheliegende Frage in diesem Zusammenhang, wie aber erkennt ein Kind seine Grenzen, die es nicht überschreiten darf, da es sonst die Freiheit anderer aufhebt, löst sich von allein. Denn, wie gesagt, die Ermöglichung einer freien, den tatsächlichen Anlagen gemäßen Entwicklung darf nicht mit «Affenliebe» verwechselt werden, die ja nur eine Reaktion auf eigene erlittene Demütungen durch Erziehung ist. Sie führt nicht zur Aufhebung der eigenen Freiheit, wenn auch Verzicht und Zurückstellung eigener Bedürfnisbefriedigung auf seiten der Erwachsenen in den ersten Jahren des Heranwachsenden unvermeidlich sind. Die eigene Freiheit wird nicht aufgegeben. Damit stellen sich quasi automatisch Situationen in den Beziehungen ein, in denen das Kind merkt, daß es in die Freiheit anderer eingegriffen hat. Dazu wird keine bewußte (immer ein wenig albern wirkende) Vorbildhaltung benötigt, auch bedarf es keines pädagogischen Dialoges zwischen den Generationen. Es reichen voll und ganz die spontanen Unmutsäußerungen oder -reaktionen über das Verhalten des Kindes, die die Grenzen gegenseitiger Freiheitsbereiche abstecken. Selbst wenn diese einmal etwas heftiger ausfallen sollten, braucht der Erwachsene sich nicht zu schämen und beim nächstenmal diese verdrängen. Gegenseitiges Vertrauen ist eine Basis, die spontane Unmutsäußerungen zu überdauern vermag. Wenn das Kind älter wird, wird es teilweise sogar dafür Verständnis entwickeln, daß ein Erwachsener zur Verteidigung der eigenen Freiheit auch einmal emotional reagiert. Freie Menschen sollen ja nicht für jedermann erkennbar als Tugendapostel herumlaufen. Aber wenn sie auch nicht als moralinsaure Tugendapostel auftreten sollen, ist damit nicht gemeint, daß Freiheit allein von der Vernunft getragen werden darf. Zwar haben wir erst durch die Vernunft erfahren, daß Freiheit möglich ist – allein die Vernunft vermag Vorstellungen über die Freiheit zu entwikkeln –, dennoch muß die Realisierung von Freiheit von der *ganzen* Persönlichkeit gestützt werden. Also auch das biologische Erbe, Emotionen und Gefühle sind in den Dienst der Idee der Freiheit zu stellen.

An dieser Stelle wird wieder die Widersprüchlichkeit in der menschlichen Existenz deutlich. Einerseits setzt unser biologisches Erbe mit seinen Anlagen zu egoistischer und aggressiver Neigung der Möglichkeit zur Freiheit Grenzen; andererseits wird der praktische Vollzug von Freiheit ohne Einbeziehung der Gefühle ein eigentümlicher Mummenschanz, der irgendwann wieder auffliegt, da Vernunft ohne den ganzen Menschen eine Maskerade ist, mit der die Menschen ihr wahres Ich verbergen wollen.

Bindungen an die Idee der Freiheit – in einem bestimmten Alter darf das durchaus eine romantische Schwärmerei sein – sind mit eine Voraussetzung, im Namen dieser Idee die gesellschaftliche Wirklichkeit zu verändern. Es ist klar, daß Bindung und Freiheit etwas Widersprüchliches ist, das sich eigentlich aufhebt. Aber diese Widersprüchlichkeit ist nun einmal in der menschlichen Existenz angelegt, und wenn die Menschen die Wirklichkeit nach ihren Wertideen gestalten wollen, dann müssen sie von dem ausgehen, was nun einmal ihre Persönlichkeit oder ihre Existenz oder auch ihr Sein (wie immer man das bezeichnen will) ist.

Erstes Fazit: Bei der Realisierung von Freiheit wirken widerspruchsvolle Kräfte, wie Vernunft und Gefühle, mit. Dem Heranwachsenden werden damit auch in der freien Gesellschaft Spannungen zu sich selbst und zu seiner Umwelt zugemutet. Er muß lernen, mit der Freiheit umzugehen. Das ist ihm nicht angeboren. Vertrauen verschafft auf der Seite des Kindes die Basis, um Widersprüche und Grenzen zu verstehen. Es wird allmählich akzeptieren, daß ein Recht auf Freiheit ein Recht auf Unterwerfung anderer ausschließt. Damit es selbst aber erst einmal Vertrauen entwickeln kann, ist auf seiten der Erwachsenen ebenfalls Vertrauen erforderlich, das den Kindern die Freiräume zugesteht, die notwendig sind, um die eigene Persönlichkeit aufbauen zu können. Der häßliche Lenin-Ausspruch «Vertrauen ist gut, Kontrolle ist besser» hat nur in der Untertanengesellschaft Gültigkeit. Die Basis der Gesellschaft der Freien ist Vertrauen.

Wenn Kinder in ihren ersten Jahren Entwicklungschancen bekommen, die in diese Richtung gehen, entstehen ausgeprägte Persönlichkeiten, für deren Vielfalt und deren vielschichtige Interessen in der heutigen Zwangsanstalt Schule kein Raum ist. Es müssen neue, von den Kindern selbstbestimmte Formen des Lernens gefunden werden. Schule wäre dann nur noch eine mögliche Organisationsform, in der Lernen stattfinden kann. Einzelunterricht oder Lernen in Nachbarschaftsgruppen treten gleichrangig hinzu, wenn die gleichmachende Sozialisierung der Vorschulaufbewahrungsstätten wegfällt. Damit deutet sich bereits an, daß Freiheit ohne pädagogische Besserwisserei dem Egoismus der Menschen Grenzen setzt. Denn die Verpflichtung der Erwachsenen, die Freiheit ihrer Kinder zu sichern, belastet diese mit wesentlich mehr Verantwortung als in der Massengesellschaft mit ihren zahlreichen Abschiebemöglichkeiten für Kinder.

Die Differenzierung bei den Lernmöglichkeiten wird nicht von außen an die Kinder herangetragen, sondern ist eine Folge vor allem der vom Kind selbstbestimmten Lernprozesse. Die Kinder geben vor, was und wie sie lernen wollen. Aus dem Lehrer wird ein Berater, der darauf achtet, daß die Rahmenbedingungen zur Erreichung des Zieles angemessen ausgestattet werden. Niemand soll in diesem Zusammenhang sagen, freies, selbstbestimmtes Lernen sei eine Überforderung für die Kinder. Kinder bringen eine angeborene Lust zum Lernen mit, weil sie neugierig auf das sind, was es alles auf der Welt gibt und was dort alles geschieht. Nur wird diese Lust zum Lernen in den Schulen mit geistlosen, für Kinder unsinnig abstrakten Anforderungen abgetötet. Eigene Erfahrungen mit selbstbestimmtem Lernen nach zwei Jahren Zwangsunterricht, die zu einem Erlöschen beinahe jeden Interesses geführt hatten, verdeutlichten, daß die in selbstbestimmtem Lernen enthaltenen Möglichkeiten eher unter- als überschätzt werden.

Daniel, der völlig verkrampfte, wenn er nur an die Schule dachte, entwickelte eine von uns in keiner Weise erwartete Lernbegeisterung, als er sein Lernprojekt «Die Besiedlung Amerikas durch den weißen Mann» bearbeitete. Lesen und Schreiben, für das ihm in zwei Jahren Schule jegliches Gespür abhanden gekommen war, lernte er jetzt nebenbei. Er arbeitete freiwillig und intensiv an den Problemen bis jeden Mittag. Die Welt mit ihren Problemen war jetzt seine Schule, diese Probleme interessierten ihn, und über dieses Interesse «vergaß» er seine Blockaden und lernte – weil er beispielsweise selber etwas über das Schicksal der Sklaven oder die Indianerkriege lesen wollte – all das, dem er sich vorher verweigert hatte.

Daniel ist ein typischer Einzelarbeiter. Andere Kinder werden vielleicht Gruppenprojekte entwerfen, wieder andere praxisbezogen arbeiten; das ist völlig unwichtig, auch wenn man meint, daß dadurch irgend etwas nicht berücksichtigt wird. Die freigesetzte Lernlust wird in jedem Fall dazu führen, daß die Kinder eventuelle Lücken – wenn notwendig – selber schließen. Die Bildungsideologen werden jetzt wieder mit ihrem Standardargument kommen, daß selbstbestimmtes Lernen für Kinder wieder nur Privilegierten zugute komme und neue soziale Benachteiligungen entstünden. Das stimmt aber nicht! In den ersten Jahren kann dieses Lernen über jede Mutter, Oma oder jeden Vater geschehen. Später, wenn zur Unterstützung der Lernprozesse weitergehendes Fachwissen erforderlich wird, kann ja der Staat die finanziellen Kosten für die Helfer der Kinder übernehmen, wenn ihm wirklich soviel an sozialer Gerechtigkeit liegt.

Heranwachsende, die durch die Prozesse selbstbestimmten Lernens soweit fortgeschritten sind, daß sie eine Berufstätigkeit übernehmen können, werden nie arbeitslos sein. Sie werden immer eine Tätigkeit finden, mit der sie ihr Leben sinnvoll ausfüllen. Sicherlich werden sie ihre Lebenserfüllung nicht als Konsumenten finden, aber auch nicht – in Reaktion hierauf – als Aussteiger oder sogenannte «Schlaffis». Die freien Menschen gehen auch keinen Mittelweg, sie richten sich ihren Neigungen und Fähigkeiten entsprechend in der Gesellschaft ein. Sind sie industriefeindlich? Ja, indem sie sich gegen ein eigengesetzliches, von vermeintlichen Sachzwängen getragenes Wuchern von Industriekomplexen wehren. Nein, da sie keine ideologischen Kriege führen und überschaubare und im Einklang mit der Natur stehende industrielle Produktionen durch keinerlei vernünftige Argumentationen abzulehnen sind. Würden sie – das sei ergänzend hierzu angemerkt – die neuen Informationstechniken ablehnen? Mit Sicherheit ja, wenn es darum geht, Informationstechniken zu schaffen und zu installieren, die nur deswegen da sind, weil sie technisch möglich sind, und deren Markt erst noch künstlich geschaffen werden muß (Beispiel die Mega-Chips). Nein wiederum, wenn sie in kontrollierbarer Weise Arbeitserleichterung ermöglichen. Freie Menschen wehren sich nur dann gegen technischen Fortschritt, wenn dessen Durchsetzung zur Manipulierung menschlichen Verhaltens führen muß, da ansonsten keinerlei Marktchancen für diesen vorhanden sind.

Vorläufiges Resümee: Die freie Gesellschaft ist möglich, da die Fähigkeiten zur Vernunft und Freiheit im Menschen prinzipiell angelegt sind. Um sie aber realisieren zu können, ist ein grundlegender Wandel in Erziehung und Bildung notwendig. Freies und selbstbestimmtes Lernen übernimmt eine Schlüsselfunktion in diesem Zusammenhang. Denn damit wird ein gesellschaftliches Potential geschaffen, das den entsprechenden Strukturwandel einleiten kann.

Wie aber kann die Entwicklung überhaupt in diese Richtung in Gang kommen? Auf die politischen Parteien zu hoffen dürfte mehr als illusorisch sein. Deren Problemverwalter an den Parteispitzen werden diese Entwicklung eher mit allen Mitteln verhindern. Auf die wissenschaftlichen Zeitgeistreiter zu hoffen wäre Dummheit. Die werden sich den Entwicklungen erst anschließen, wenn sie erfolgversprechend eingeleitet sind. Es bleiben allein die Eltern, die einen sozialen Wandel erzwingen können, indem sie sich weigern – wie man im Anschluß an Herbert Marcuse sagen könnte –, das «Spiel», das Kinder zu jederzeit verfügbaren Objekten für bildungspolitische Abenteuer macht, mitzuspielen.

Die Verweigerung ist die Form des Widerstandes, die den Wohlfahrts- und Daseinsvorsorgestaat in seinem Kern trifft. Denn alle seine Kontroll- und Anpassungsmechanismen greifen dann ins Leere, alltägliche Selbstverständlichkeiten verlieren ihren handlungsleitenden Charakter, und Freiräume für neue Entwicklungen entstehen. Diese Freiräume müssen alsbald geschaffen und genutzt werden, denn über sie allein scheint noch ein Ausweg aus der Sackgasse möglich, in die sich die Menschheit selbst hineinmanövriert hat.

Ein Parallelfall in der Schweiz

Eine Mutter nahm ihr Kind von der Schule – das Bundesgericht griff ein

Von Yvonne-Denise Köchli[47]

«Benjamin wurde zusehends aggressiver. Er begann über Bauchschmerzen zu klagen, und am Morgen wollte er nicht mehr aufstehen», erinnert sich Maria Zurrón. Und ihr Sohn Benjamin erzählt: «Frau M. A. hat einfach keine Geduld gehabt, eine falsche Antwort, und schon hat sie wahnsinnig geschimpft. Und einmal hat sie einen Jungen geschlagen, wir haben's alle gesehen, und als sein Vater in die Schule kam, hat sie es einfach abgestritten.»

Maria Theresia Zurrón will den Tatort, wo die Wandlung vom einst begeisterten zum restlos entmutigten und lustlosen Primarschüler stattfand, gleich am Anfang mit mir besichtigen: ein etwa 100jähriges Schulhaus, unweit von Kirche und Gemeindehaus. Eine eigenartige Mischung aus Freiburger Herren- und Bauernhaus. Frau Zurrón weist auf die lange, dünne Bank vor dem Schulzimmer hin. «Hier hat Beni, und nicht nur er, viele Stunden verbracht – wie auch in der Toilette dort gleich um die Ecke, während drinnen gerechnet und gelesen wurde.»

In ihrer geräumigen Dachwohnung im Haus der örtlichen Raiffeisenbank gehen wir die Geschichte nochmals ganz von vorne durch. Die Zurróns ziehen 1985, zusammen mit ihrem Sohn und den zwei älteren Töchtern, aus der Stadt Freiburg nach Schmitten um, wo Benjamin im Herbst gleichen Jahres eingeschult wird. Schmitten ist ein aufstrebendes Industriedorf mit einer ungebrochenen Wachstumseuphorie. Seine Bevölkerung hat sich in den letzten zwanzig Jahren auf mehr als 2700 Einwohner verdoppelt. «Ein zukunftsgläubiges Dorf», sagt Gemeindeammann Josef Boschung, «wo die Bevölkerung großes Vertrauen in die Gemeindeverwaltung hat.»

«Schmitten sollte für längere Zeit unsere neue Heimat werden», erzählt Frau Zurrón, «für die Wohnung jedenfalls haben wir einen Sechs-Jahres-Vertrag unterschrieben. Auch habe ich große Anstrengungen unternommen, mich im Dorf zu integrieren. Doch im Gesangsverein brauchte man gerade niemanden, der Turnverein war weniger nach meinem Gusto, und in der katholischen Kirche war meine Mitarbeit unerwünscht, weil ich gleich zu Beginn einmal kritisiert hatte, daß der Pfarrer in die Himbeeren ging, anstatt Religionsunterricht zu erteilen.»

Die Schule macht Benjamin von Anfang an großen Spaß. Er ist ein fleißiger Schüler, der, wie das kleine Buben so zu tun pflegen, öfter mal Zusatzaufgaben macht, um der Lehrerin eine Freude zu bereiten. Schließlich lernt man ja nicht nur fürs Leben.

Im Herbst 1987 Übertritt in die 3. Klasse, was hier mit einem Lehrerwechsel verbunden ist. Seine neue Lehrerin soll Frau M. A. werden. Und wie das so geht, hört man sich um, wenn ein Lehrerwechsel ins Haus steht. Was die Zurróns jetzt erfahren, wollen sie allerdings lieber nicht wahrhaben, kündigt sich da doch eine unerfreuliche Leidenszeit an. M. A. sei seit jeher heftig umstritten. Vor allem die Knaben hätten bei ihr nichts zu lachen. Auch würde man bei ihr wenig lernen.

Frau Zurrón ist nicht bereit, diesen Vorurteilen Glauben zu schenken. Wäre wahr, was hier herumgeboten wird, hätten die Schulbehörden doch sicher längst eingegriffen, glaubt sie. «So nahm ich spontan Partei für Frau M. A. Dies wurde begünstigt durch die Tatsache, daß wir beide gebürtige Ostschweizerinnen sind. Von meinen Studien her», Frau Zurrón ist Ethnologin, die sich momentan in einem Zweitstudium zur Juristin ausbilden läßt, «interpretierte ich die mir zugetragenen Gerüchte als Abwehrreaktion einer relativ geschlossenen Dorfgemeinschaft gegenüber der ‹fremden› Lehrerin.» Und so wird Benjamin rundum positiv auf den neuen Schulanfang vorbereitet.

Was nichts hilft. Schon nach wenigen Wochen merkt Maria Theresia Zurrón, daß Beni seine Aufgaben nur noch widerwillig löst und daß diese oft nicht korrigiert werden. Beunruhigt nimmt sie

Kontakt mit der Schulkommission auf und macht eine Reihe von Schulbesuchen bei Frau M. A. Ihr Fazit: «Es war überdeutlich, daß hier Zustände herrschten, die nicht nur den Kindern, sondern auch der Lehrerin abträglich waren.» Im persönlichen Gespräch mit der Lehrerin versucht Frau Zurrón die Lage zu entspannen – doch vergeblich. «Frau M. A. teilte meine Bedenken keineswegs, im Gegenteil, sie war davon überzeugt, daß sie gute, ja bessere Arbeit als manche ihrer Kollegen leiste.»

Der Zustand von Beni wurde immer besorgniserregender. «Neben die schon üblichen, aber stetig verstärkten Erscheinungen traten später auch noch Suizid-Äußerungen, die wir zwar nicht dramatisieren, aber auch nicht überhören durften.»

Es folgen Gespräche mit dem Schulpräsidenten und dem Gemeindeammann. Kontaktaufnahme mit den Eltern von Benis Schulkameraden, die, wie sich herausstellt, nicht weniger leiden. Am 13. Januar findet eine Elternversammlung statt, an der auch Schulpräsident Hugo Hayoz teilnimmt – allerding auf eigenen Wunsch. Er wollte schlichtend eingreifen, «falls es Streit gebe», äußert er einer Mutter gegenüber.

Zuhanden des Staatsrats wird an diesem Abend eine Petition verfaßt, die von fast allen Eltern unterschrieben wird: «Die unterzeichnenden Eltern der Schüler der 3. Primarklasse von Schmitten verlangen nach eingehender, sachlicher Diskussion, daß Frau M. A. als Lehrerin sobald wie möglich ersetzt wird. Uns befremdet, daß sie nicht selbst, unseren Kindern zuliebe, die Demission einreicht, da die Situation unrettbar verfahren ist.»

Den Eltern wird an jenem Abend auch anvertraut, daß gegen Frau M. A. bereits ein Nichtbestätigungsverfahren laufe und daß man «nichts überstürzen» solle. «Trotz größter Bedenken haben wir Beni deshalb weiter zu Frau M. A. in die Schule geschickt.»

Gerissen ist der Geduldsfaden der Maria Theresia Zurrón am 13. April 1988, als die Eltern der betroffenen Schüler zu einer «Kurzorientierung» ins Oberstufenschulhaus beordert werden, wo ihnen Schulpräsident Hugo Hayoz mitteilt, die Lehrerin werde zwar auf Ende des Schuljahres definitiv aus dem Schuldienst entlassen, würde die Klasse aber bis zu den Sommerferien weiter unterrichten.

Die Eltern sind empört. Wieso wird Frau M. A. nicht sofort ersetzt? «Ich war überrascht, feststellen zu müssen», erinnert sich Frau Zurrón, «daß der Schulpräsident keine Anstalten machte, die neuen Vorwürfe, die an diesem Abend gegen Frau M. A. laut wurden, zu prüfen. Er versuchte im Gegenteil, den Eltern einzureden, die Sache sei doch nicht so schlimm. Man solle ‹nicht dumm tun›, mit etwas gutem Willen seien die paar Wochen schon noch durchzustehen.»

Ab 14. April unterrichtet Maria Theresia Zurrón ihren Sohn Benjamin bei sich zu Hause. Keine leichte Aufgabe, wenn man Haus, Zweitstudium und Unterricht unter einen Hut bringen muß. «Mein Unterricht war deshalb immer auch von praktischen Überlegungen geleitet. Zum Beispiel mußte ich mit unserem Hund raus. Also gingen wir in den Wald. Auf dem Weg dorthin ließ ich Beni drei Frühlingsblumen pflücken, die wir anschließend zu Hause bestimmten. Im Wald hat er sich auf einen Baumstrunk gesetzt und mit einer Rute Trennungsübungen gemacht: Schul-be-hör-den, Wald-blüm-chen etc.» Ja sogar auf die obligate Schulreise muß Beni nicht verzichten. Auf seinen Wunsch hin fährt Mutter Zurrón mit ihrem Sprößling in den Freizeitpark Rust.

Das Schulgesetz (SchG) im Kanton Freiburg sieht in der Tat einen «Unterricht zu Hause» vor, und zwar als eine der drei in Art. 4 SchG vorgesehenen, prinzipiell gleichwertigen Varianten (neben dem Unterricht an einer öffentlichen oder privaten Schule), zwischen denen die Eltern sich entscheiden können. Wer von diesem «Unterricht zu Hause» Gebrauch machen will, ist jedoch verpflichtet, beim Erziehungsdepartement eine Bewilligung einzuholen.

Was Frau Zurrón bewußt, auch nach wiederholter Ermahnung, nicht tut. «Welche Zumutung! Wieso sollte ich für etwas eine Bewilligung einholen, das ich gar nicht wollte? Schließlich habe ich

Beni nicht freiwillig zu Hause unterrichtet, sondern aus einer Notlage heraus. Als Maßnahme zur Wahrung berechtigter Interessen.»

Nach den Sommerferien, im neuen Schuljahr also, übernimmt Christa Schaller, eine frisch diplomierte Lehrerin, die Klasse von Frau M. A., und Benjamin kann wieder zu seinen Kollegen zurückkehren. «Der Wiedereintritt brachte keinerlei Probleme, natürlich haben ihn die Kameraden ein bißchen gehänselt.» Aber Beni ist nicht nur ein guter Schüler, sondern auch ein guter Fußballer, und damit läßt sich Respekt und Prestige bekanntlich rasch wieder zurückgewinnen.

Und jetzt hätten eigentlich alle wieder zur Tagesordnung übergehen können, in Schmitten wäre jener Friede eingekehrt, der hier offenbar so hoch gehalten wird, wäre der Fall Zurrón längst zu einem Rechtsfall geworden. Der Schulinspektor für den Sensebezirk, zu dem auch Schmitten gehört, Pius Lehmann, hatte die unterrichtende Mutter im vergangenen Frühling nämlich umgehend angezeigt und Staatsrat Cottier (Erziehungsdepartement) eingeschaltet, der die Angelegenheit «erledigen» sollte.

Der «erledigt» die Sache auch umgehend, indem er Frau Zurrón in einem Schreiben auf ihre Pflicht (Einholen einer Erlaubnis für den «Unterricht zu Hause») aufmerksam macht und ihren Wunsch, sie doch bitte zu einem informellen Gespräch zu empfangen, stur abschlägt. «Zu einem Gespräch werde ich Sie empfangen, sobald Sie die Rechtssituation respektieren.» – Cottier muß man hier zugute halten, daß es (zu) viele Eltern gibt, die bloß ihren Frust über die mangelnde Begabung ihrer Kinder über das Lehrpersonal abzuwälzen suchen.

Und so wird Zurrón-Krummenacher, Maria Theresia, ... am 30. Juni vom Bezirksgericht der Sense mit 200 Franken wegen Nichteinholung einer Bewilligung für den «Unterricht zu Hause» gebüßt.

Das will der angehenden Juristin, die ihren Schulstreit nicht etwa als Märtyrerin, sondern durchaus lustvoll austrägt, nicht in den

Kopf, und so zieht sie den Fall weiter ans Freiburger Kantonsgericht. «Wollen wir doch mal sehen, ob die einfachsten Grundrechte in diesem Kanton, das Recht auf einen anständigen Schulunterricht, einfach so ignoriert werden können.»
Am 7. November bestätigt das Kantonsgericht die Verurteilung, worauf Frau Zurrón den Fall ans Bundesgericht weiterzieht. In Lausanne ist der «Fall Schmitten» bereits ein Begriff. Denn die entlassene Lehrerin M. A. ist in der Zwischenzeit ebenfalls ans Bundesgericht gelangt, wo sie gegen ihre Nichtbestätigung durch den Staatsrat rekurriert – und das mit Erfolg. Der Entscheid sei «willkürlich» gewesen, befand das Oberste Gericht, der Beschwerdeführerin könnten «keine schwerwiegenden Verfehlungen vorgehalten werden, die eine Nichtbestätigung ohne vorangegangene schriftliche Verwarnungen gerechtfertigt hätten».
Aus der Sicht von M. A. ist ihre Nichtbestätigung das «Ergebnis einer Hetzkampagne». «Vielleicht hat es einigen Leuten hier nicht gepaßt», vermutet ihr Anwalt Rainer Weibel, «daß sie nicht in Schmitten wohnte, daß sie zehn Jahre im Konkubinat lebte – oder einfach zu wenig religiös, sprich katholisch, war.» Interessanterweise finden sich in ihrem Besuchsregister – sie unterrichtete seit 1973 – nichts als wohlwollende Bemerkungen. Da ist viel von «Vertrauen» und «Gottessegen» die Rede. Konkret etwa heißt der Eintrag vom 17. März 1987: «Die Klasse 4 a ist gut geführt. Die Schüler arbeiten beim Unterricht gut mit, die Schulkommission dankt Frau M. A. für die geleistete Arbeit.» Unterzeichnet von Schulpräsident Hugo Hayoz und fünf weiteren Schulkommissionsmitgliedern.
Nach dem Entscheid des Bundesgerichts steht für Staatsrat Marius Cottier fest: Frau M. A. wird wieder in Schmitten unterrichten. Hugo Hayoz und die betroffenen Eltern sind alles andere als begeistert. «Doch was sollten wir tun», sagt der Schulpräsident, «einen Bundesgerichtsentscheid kann man schließlich nicht einfach ignorieren. Und so entschlossen wir uns, widerwillig, Frau M. A. wieder in der gleichen Klasse einzusetzen.»
Die Lehrerin lehnt das Angebot der Gemeinde Schmitten verär-

gert ab. Nach all dem, was vorgefallen sei, müsse man ihr eine neue Klasse geben. Nur so sei ein fairer Neuanfang möglich. Seither hat Frau M. A. keine Arbeit. Lohn ja, aber keine Klasse. Wohl kaum einfach nach 15jähriger Lehrtätigkeit.

Die Erziehungsdirektion unter Marius Cottier soll, so die «Freiburger Nachrichten» («FN»), inzwischen wiederholt versucht haben, Frau M. A. in einer Reihe von Gemeinden als Stellvertreterin «anzudienen». Ein bislang erfolgloses Schwarzer-Peter-Spiel. Denn der «Fall Schmitten» ist im Kanton Freiburg längst ein Politikum und hat genügend Öffentlichkeit erhalten, so daß man Frau M. A. kennt und überalll dankend abwimmelt.

Eine jüngste und vorläufig letzte Wendung nimmt der unrühmliche Fall Mitte März mit der bundesgerichtlichen Antwort auf die staatsrechtliche Beschwerde von Frau Zurrón, die das oberste Gericht teilweise gutheißt. Darin wird das Kantonsgericht gerügt, weil es versäumte zu prüfen, ob Frau Zurrón aus einem Notstand heraus gehandelt hatte, wie sie schließlich immer geltend machte. Genau diese Unterlassung aber muß das Gericht nun nachholen.

Eine peinliche Schlappe für den Kanton Freiburg – und ganz speziell für Cottiers Erziehungsdepartement. Da ist einmal die unliebsame Lehrerin, die man eigentlich längst weghaben möchte, nun aber doch weiterhin beschäftigen beziehungsweise bezahlen muß. Und auf der anderen Seite ist die besorgte Mutter, deren Bedenken nie richtig ernst genommen wurden, die man mit einer Buße möglichst rasch in die Schranken weisen wollte und deren Fall nun nochmals aufgerollt werden muß.

Abschließende Überlegungen

Die Menschheit hat sich in eine Sackgasse hineinmanövriert, aus der sie zur Zeit keinen Ausweg findet. Sie ist da hineingeraten, weil alles, was die Menschen mit ihrer ganzen Energie verfolgt haben und wofür sie alle in der Gesellschaft vorhandenen Mittel einsetzten, sich langfristig gegen die ursprünglichen Zielsetzungen und damit auch gegen die Menschen selbst gekehrt hat. Sie schufen mit ihren Aktivitäten immer monströsere Gebilde, die sie irgendwann nicht mehr beherrschen konnten und die nach Eigengesetzlichkeiten sich weiterentwickelten. Angetreten sind die Menschen, die Erde, von und auf der sie leben, zu ihrem Vorteil und Wohl zu beherrschen. Die unter diesen Vorzeichen betriebene Ausbeutung der Erde führte jedoch zu einer Zerstörung und Vergiftung der eigenen Lebensgrundlagen. Lange Zeit versuchten sie, die sich aus der Umweltvergiftung ergebenden Probleme durch Aufschieben und Verschieben zu «lösen» (der steigenden Umweltverschmutzung beispielsweise begegnete man, indem man die Abgasschornsteine höher baute und den Dreck gleichmäßiger über die Erde verteilte). Das ging aber nur so lange gut, wie hinreichender Spielraum dafür da war. Je umfassender jedoch die Menschen ihre Herrschaft über die Erde ausbauten, desto geringer und enger wurden die Spielräume, in die die von Menschen verursachten Probleme abgeschoben werden konnten.

Die derzeitige Situation ist dadurch gekennzeichnet, daß jedes weitere Verschieben morgen zu neuen Katastrophen führen kann. Sie signalisiert das Ende einer Epoche, in der in beispielloser Weise menschliche Energien freigesetzt werden. Die dadurch ausgelösten Entwicklungsschübe wuchsen über die Menschen hinaus, und aus den Nutznießern des Fortschritts werden allmählich Opfer desselben.

Aus den verschiedenen Strömungen, die die abendländische Kultur geformt haben, waren die wissenschaftliche Revolution, die Aufklärung und die industrielle Revolution die prägenden Elemente, aus denen die heutige Massengesellschaft hervorgegangen ist. Extremes wirtschaftliches und technologisches Wachstum wurde möglich, da Handeln durch eine Ethik legitimiert wurde, in der Wissen und die Vermehrung von Wissen in der Gesellschaft mit einer Gesinnung verbunden wurde, die zu ständigen Leistungssteigerungen antrieb. Unter dieser gesinnungsethischen Perspektive bauten die Menschen ihre Herrschaft über die Erde kontinuierlich aus. Wachstum, für das ein grenzenloser Raum vorhanden schien, ist das Schlüsselwort zum Verständnis der Entwicklungen des 20. Jahrhunderts.

Lange Zeit konnte man glauben, daß die Menschen die Initiatoren und Herren des Wachstums sind und bleiben werden. Aber das, was sie mit ihren Aktivitäten geschaffen haben, hat sich längst verselbständigt und wuchert nach Eigengesetzlichkeiten weiter. Je mehr die Menschen zu Anhängseln der von ihnen selbst geschaffenen Strukturen und Entwicklungen werden, je hilfloser reagieren sie auf die durch das eigendynamische Wachstum hervorgerufenen Probleme. Sie begegnen Krisen und Katastrophen mit den Mitteln, die letztlich die Ursachen der Krisen stabilisieren und nicht die Gesellschaft.

Die Lern- und Wandlungsfähigkeit des jetzigen Gesellschaftssystems reicht nicht mehr aus, um einen Weg aus dieser Sackgasse heraus zu finden. Dazu ist vielmehr ein grundlegender Paradigmawechsel erforderlich, der die Gesellschaft aus der Ausweglosigkeit der Sackgasse in eine Übergangsphase führt, in der Kreativität, Hoffnung und konstruktive Gestaltung die Strategie des Weiterwurstelns, Resignation und Apathie ablösen. Dies ist ein Paradigmawechsel, der von der Gesinnungs- zur Verantwortungsethik führt, in der Wissen nicht mehr mit Gesinnung, sondern mit Gewissen verbunden wird.

Am Ende einer Epoche ist in der Tat ein Neuanfang erforderlich. Aber soll der Neuanfang auch ein Anfang in eine bessere Welt sein, so muß man sich einem grundsätzlichen Problem in diesem Zusammenhang stellen. Bisher scheiterten alle Versuche eines Neuanfangs an der menschlichen Unzulänglichkeit. Theoretisch in sich stimmige Entwürfe konnten nicht realisiert werden, da die menschliche Praxis von Neigungen und Interessen mitbestimmt wurde, die die Verwirklichungschancen durchkreuzten. In der philosophischen Anthropologie wird der Mensch daher zu Recht als ein biologisches Mangelwesen bezeichnet, das seine jetzige Stellung auf der Erde kulturellen Stützkorsetts und vor allem technologischen Hilsmitteln verdankt. Bisher ist allerdings die Entwicklung einseitig verlaufen. Es wurden vor allem die körperlichen Defizite durch immer aufwendigere Technologien – in der Anthropologie auch als Ersatzorgane bezeichnet – kompensiert. Die Aktivitäten zur Behebung der moralischen und sozialen Defizite auf der kulturellen Ebene blieben deutlich dahinter zurück. Die Bedingungen für technologische Perfektion wurden ständig verbessert, für ein sittliches Handeln, mit dem die Idee des homo humanus (menschlichen Menschen) inhaltlich ausgestaltet wurde, dagegen sträflich vernachlässigt. Im Gegenteil, die sozialen und moralischen Defizite wurden ungeniert genutzt, um sich auf Kosten anderer Menschen zu bereichern.

Der Mensch, das Wesen, das seine eigenen Lebensgrundlagen zerstört! Damit erfährt die Entwertung des eigenen Selbstbildnisses, die einsetzte, als die Menschen von ihrer eigenen Neugier angetrieben begannen, ihr eigenes Selbstbildnis nicht mehr nach religiösen Vorstellungen zu formen, sondern bemüht waren, sich aus sich selbst heraus zu verstehen, eine neue Qualität. Kopernikus, der Darwinismus, die Freudsche Theorie oder Psychoanalyse, philosophische Lehren wie der Relativismus und Skeptizismus beispielsweise haben der menschlichen Selbstüberschätzung zu Recht jegliche Basis entzogen. Nach dem Sturz des Ebenbildes Gottes droht jetzt allerdings ein weiteres Absinken zum halbwegs intelligenten Tier, das man abrichten und bevormunden muß, da es sonst nur Unheil anrichtet. Denkt man dies konsequent zu Ende, so kommt man zu dem Schluß, daß es für die Erde nur ein Segen sein kann, wenn dieses intelligente Tier, das soviel Schaden und Zerstörung anrichtet, seine eigenen und die Lebensgrundlagen anderer Lebewesen vernichtet und von der Erde verschwindet. «Wohlmeinende» ziehen nicht ganz so radikale Schlußfolgerungen, aber für eine Entmündigung plädieren sie allemal.

Alle Bemühungen der Menschen bisher, aus dieser Sackgasse herauszukommen, sind in eigentümlicher Weise dadurch geprägt, daß sie an dem Kern der Probleme vorbeigehen. Es werden mit extremem Aufwand Maßnahmen betrieben, die die Geschehnisse um die Probleme herum bewegen, diese Probleme selbst aber nur am Rande berühren. Die Ursache dafür ist darin zu sehen, daß den Menschen der direkte Zugang zu den Problemen verlorengegangen ist.

Auch hier haben sich die Resultate menschlicher Aktivitäten wieder gegen diese selbst gekehrt. Die Strategien zur Unterwerfung der Erde unter menschliche Interessen haben zur Vergiftung und Zerstörung der eigenen Lebensgrundlagen geführt. – Die Neugier der Menschen, sich aus sich selbst heraus zu verstehen, führte zu einer Entwertung des eigenen Selbstbildnisses. – Drittens schließlich haben die Bemühungen, gegenüber den immer komplizierteren Zusammenhängen in der modernen Gesellschaft handlungsfähig zu bleiben, zu dem Aufbau einer künstlichen Wirklichkeit geführt, über die vermittelt die Probleme und Geschehnisse auf der Welt allein noch zugänglich sind.

Als von ihren Sinneswahrnehmungen und Interessen zumindest teilweise abhängige Wesen haben die Menschen ihre Handlungsstrategien immer nur an ihren Auslegungen und Deutungen der Dinge auf der Welt ausrichten können. Wie die Dinge beschaffen sind, wenn sie nicht aus der eingeschränkten Perspektive menschlichen Seins her verzerrt sind, war und ist ihnen nicht zugänglich. Daher waren die Dinge und Sachverhalte auf der

Erde schon immer mehrdeutig für die Menschen. Man konnte die Erscheinungen richtig interpretieren und darauf erfolgreich sein Handeln aufbauen oder sich irren – das konnte in der Regel nur die Zeit beantworten, aber falsche Einschätzungen und Irrtümer blieben korrigierbar. Jetzt haben sich jedoch die Bemühungen um eine Deutung der Welt zu einer künstlichen Wirklichkeit verfestigt, die vermittelnd zwischen den Menschen und der Realität liegt und in der für jedermann festgelegt ist, wie die Realität zu verstehen und zu erfassen ist.

Ernst Cassierer (1874–1949) kommentiert diese Entwicklung wie folgt: «Die unberührte Wirklichkeit scheint in dem Maße, in dem das Symbol-Denken und -Handeln des Menschen reifer wird, sich ihm zu entziehen. Statt mit den Dingen selbst umzugehen, unterhält sich der Mensch in gewissem Sinne dauernd mit sich selbst. Er lebt so sehr in sprachlichen Formen, in Kunstwerken, in mythischen Symbolen oder religiösen Riten, daß er nichts erfahren oder erblicken kann, außer durch Zwischenschaltung dieser künstlichen Medien.»[48]

Diese künstliche Wirklichkeit ist aus den Bemühungen hervorgegangen, die Mehrdeutigkeit der Erscheinungen zugunsten privater Interessen zu nutzen, indem die Interpretation der Wirklichkeit gemäß den eigenen Interessen für alle verbindlich durchgesetzt wurde. Religion und Politik waren die Wegbereiter für den Aufbau künstlicher Wirklichkeiten. An die Stelle der Religionen und ihrer Priester traten in der Massengesellschaft, in der die Vermassung auch die Hochschulen erfaßte, die Wissenschaften und deren Wissenschaftler. Der typische Repräsentant des Wissenschaftlers der Massengesellschaft versteht sich selbst als Dienstleistender in einem Dienstleistungsbetrieb. Er ist ständig bemüht, im Trend mit dessen Meinungen und Forschungen zu liegen. Zwar gibt es auch noch Wissenschaftler, die im wahrsten Sinne des Wortes bemüht sind, den Dingen auf den Grund zu gehen bzw. die Dinge zu hinterfragen, aber die werden zur Zeit bei der gesellschaftlichen Produktion der öffentlichen Meinung nicht gehört.

Ergänzt und unterstützt wurde diese Entwicklung in der Massengesellschaft dadurch, daß auch die private und persönliche Erfahrungswelt immer weniger durch direkte Erfahrungen geprägt wurde, sondern vermittelt über die Medien, welche «Erlebnisse» mediengerecht aufbereitet frei Haus lieferten. Die konkrete Erfahrungswelt wurde für den einzelnen immer irrealer, dafür wurde die aufbereitete, künstliche Wirklichkeit immer realer und schließlich die Welt ohne Zwischenschaltung einer Scheinwelt für die Masse gar nicht mehr faß- und verstehbar. Zentrales Problem ist es nicht mehr, daß die Menschen sich bei den Interpretationen der Erscheinungen der Welt irren können, sondern daß sie hilflos sind, wenn sie ohne zwischengeschaltete Scheinwelt sich zu orientieren bzw. etwas über die Welt zu erfahren versuchen.

Die in der Untertanengesellschaft Bundesrepublik praktizierte Erziehung und die in der Zwangsanstalt Schule vermittelte «Bildung» verschaffen dem einzelnen die «Qualifikationen», die sein systemgerechtes Funktionieren garantieren. Konkret bedeutet das in diesem Zusammenhang: Die Erziehung ist darauf ausgerichtet, daß man nicht merkt, was einem angetan wird, sondern sich langfristig damit arrangiert und identifiziert (man kann ja doch nichts ändern). Die Abrichtung des intelligenten kleinen Tieres in den Schulen erfolgt mit dem Ziel, dessen Fähigkeit, richtig und schnell auf externe Vorgaben und Reize zu reagieren, zu optimieren. Beides ergänzt sich in der Persönlichkeitsformung. Es fördert die Bereitschaft, mit Konformität auf Manipulationsversuche zu reagieren. Folglich ist davon auszugehen, daß Erziehung und Zwangsanstalt Schule den gordischen Knoten bilden, der durchschlagen werden muß, wenn man eine bessere Gesellschaft haben will.

Die Freigabe von Erziehung und Bildung ist sicherlich nicht mit einer Erfolgsgarantie für die Realisierung einer besseren Gesellschaft ausgestattet, aber dennoch sollte sie gewagt werden. Denn durch sie würde allein schon ein Kreativitätsschub ausgelöst, der die Handlungsfähigkeit der Gesellschaft auf ein qualitativ höheres Niveau hebt. Darüber hinaus führt sie zu einer Entkrampfung und Entrümpelung des Weltbildes der Menschen, die wieder einen direkten Zugang zu den Problemen der Welt eröffnet. Freies Aufwachsen und selbstbestimmtes Lernen verhindern den Aufbau von Denkhemmungen und Tabus. An die Stelle der Kompensations- und Sublimierungsstrategien, mit denen der neurosengefährdete Untertan seine Persönlichkeit stabilisiert und für Versagungen entschädigt hat, tritt eine direktere Bedürfnisbefriedigung. Direktere Bedürfnisbefriedigung bedeutet weniger Umwege über Ersatzbefriedigungen. Das zwanghafte Streben nach Weltbeherrschung verliert dadurch seine Basis, und die Menschen werden nicht immer wieder getrieben, etwas aufzubauen, das ihnen im wahrsten Sinne des Wortes über den Kopf wächst und sie zu Anhängseln der von ihnen selbst ausgelösten Entwicklungen macht.

Aus dem intelligenten Tier muß allmählich ein selbstbestimmter Mensch werden, dessen Bedürfnisse nicht mehr aus dem Zusammenspiel von Manipulation und Konformität geformt werden, sondern aus der Zielsetzung, frei aufzuwachsen und zu leben. Daß hierfür im Menschen eine – wenn auch schmale – Basis vorhanden ist, gerät angesichts der Umweltkatastrophen sowie der nach Eigengesetzlichkeiten sich vollziehenden wirtschaftlichen und technischen Entwicklungen und deren den Menschen versklavenden Konsequenzen immer mehr aus dem Blickfeld. Würde ein von Vernunft getragenes Anderssein jetzt realisiert, gewännen die Menschen zwar nicht ihre verlorengegangene Gottesähnlichkeit zurück, aber ihre Selbstachtung und Daseinsberechtigung auf dieser Erde.

Anhang
Verfassungsbeschwerde des Autors

An das
Bundesverfassungsgericht
Karlsruhe

Gegen das Urteil des Amtsgerichtes Paderborn vom 7. November 1988 Az. 25 OWi 14 Js 570/88 (511/88) und den Beschluß des Oberlandesgerichtes Hamm vom 30. Januar 1989, Az. 4 Ss OWi 1403/88 erheben wir

Verfassungsbeschwerde.

I. Wir beantragen, das Urteil des Amtsgerichtes Paderborn vom 7. November 1988 und den Beschluß des Oberlandesgerichtes vom 30. Januar 1989 aufzuheben, da mit ihnen unsere Grundrechte gemäß Art. 4, Abs. 1 GG und Art. 6, Abs. 2 GG verletzt wurden.

II. Des weiteren beantragen wir als Vertreter unseres Sohnes Daniel eine Aufhebung der angefochtenen Entscheidungen, da mit ihnen dessen Grundrecht gemäß Art. 4, Abs. 1 GG verletzt wurde.

III. Ferner beantragen wir, das Schulpflichtgesetz des Landes Nordrhein-Westfalen in seiner geltenden Fassung für nichtig zu erklären, da die sich aus den sogenannten Bildungsreformen ergebenden Folgeprobleme zu einer Schulwirklichkeit geführt haben, unter deren Bedingungen das Schulpflichtgesetz seine Verbindlichkeit verliert, da es unter Berücksichtigung der Realität an den Schulen mit dem Wesen des Rechts nicht mehr in

Einklang steht. Das Schulpflichtgesetz hat, wenn man von der gegebenen Schulrealität ausgeht, jegliche Bindung an seinen ursprünglichen Sinn und Zweck verloren. Es verstößt gegen die vorrechtliche Verfügtheit kindlichen Seins, da Schulpflicht für eine wachsende Anzahl Kinder bedeutet, daß sie keine Chance haben, sich ihren Anlagen gemäß zu entwickeln. Wir beantragen daher, das Schulpflichtgesetz, insofern es für Kinder eine Zwangsordnung bedeutet, für nichtig zu erklären.

Begründung

I. Daniel ist im September 1984 in die Grundschule Altenautal im Kreis Paderborn eingeschult worden. Er war ein phantasievoller, kreativer kleiner Junge. Da ich (H. E. Treu) mich bereits seit meinem Studium mit Schul- und Lernproblemen von Kindern beruflich beschäftige (ich lehre an einem Fachbereich, an dem vorrangig Lehrerinnen und Lehrer ausgebildet werden), wußte ich, daß seine phantasievolle, manchmal auch introvertierte Weise, sich mit der Welt auseinanderzusetzen, Probleme in der Schule aufwerfen könnte, wenn er nicht auf eine verständnisvolle Lehrerin träfe. Daher habe ich mich bereits vor der Einschulung mit der Lehrerin in Verbindung gesetzt und dieser erklärt, daß Daniel ein Lerntyp sei, der sich – wenn es irgendwie geht – gern alles selbst erarbeitet, der mit wenigen Anstößen von außen am besten lernt. Um es auf einen Nenner zu bringen: den man nicht «fördern», sondern sich entwickeln lassen muß.

Obwohl die Lehrerin sich verständnisvoll gab, verlief das erste Jahr so, daß er mittags «blockiert» aus der Schule kam und von uns nachmittags behutsam aus der Blockade herausgeführt werden mußte. Dann fand das statt, was eigentlich morgens in der Schule hätte stattfinden müssen. Er lernte! Nur – was nachmittags klar war, wurde am nächsten Morgen wieder in der Schule durcheinandergebracht. Trotz einiger kurzfristiger Hoffnungsschimmer konnte man von Lernfortschritten nicht sprechen.

Also beantragten wir, daß Daniel die erste Klasse wiederhole. Von der Lehrerin in seinem Wiederholungsjahr wurde Daniel gezielt entmotiviert. Das haben wir allerdings erst erfahren, als Daniel schon nicht mehr zur Schule ging.

Nach zwei Jahren Schule war Daniel in einer psychischen Verfassung, die uns befürchten ließ, daß er auf Dauer psychische Schäden davontragen würde, wenn er weiter zur Schule ginge. Darüber hinaus mußten wir annehmen, daß Daniel durch die Schule zum Analphabeten werden könnte, denn Lesen und Schreiben, die von seinen Anlagen her seine Stärken hätten sein müssen, konnte er jetzt selbst nicht mehr in Ansätzen. Wir teilten den zuständigen Schulbehörden mit, daß wir Daniel ab sofort so lange zu Hause unterrichten, bis er sich von seiner Schulkrankheit erholt habe.

Im November 1986 wurde von dem Schulleiter der Grundschule Altenautal eine Verfügung erlassen, mit der die zwangsweise Zuführung Daniels zur Schule angedroht wurde. Diese Verfügung wurde noch einmal zurückgenommen wegen eines formellen Rechtsverstoßes, aber am 8.12.1986 erneuert. Am 10. September 1987 wurde die Verfügung vollstreckt, d. h., Daniel sollte gewaltsam der Schule zugeführt werden. Der Versuch scheiterte jedoch.

Nachdem die zwangsweise Zuführung Daniels zur Schule gescheitert war, erhielten wir am 28. September 1987 die ersten Bußgeldbescheide, mit denen jeweils DM 250,– Bußgeld verhängt wurden. Bereits zwei Monate später die nächsten, Höhe des Bußgeldes jeweils DM 500,– Unser Einspruch gegen die ersten Bußgeldbescheide wurde vom Amtsgericht Paderborn am 10.2.1988 zurückgewiesen. Gegen dieses Urteil haben wir keine Beschwerde erhoben, da zwischenzeitlich (am 21. Dezember 1988) das Schulamt für den Kreis Paderborn unter Verweis auf § 69, Abs. 2 Ordnungswidrigkeitengesetz unserem Einspruch gegen die zweiten Bußgeldbescheide stattgegeben und diese im vollen Umfang aufgehoben hatte. Wir hatten dies als einen Hinweis verstanden, daß dort die Angelegenheit nicht weiter verfolgt wird. Da es uns in diesem Fall nicht um Recht bekommen um jeden Preis geht, sondern darum, mit Daniel in Ruhe arbeiten zu können, wollten wir dann auch die Sache nicht weiter verfolgen. Die Bußgeldbescheide vom 27. Mai 1989 in Höhe von jeweils DM 1000,– belehrten uns jedoch dann eines anderen.

Das angefochtene Urteil des Amtsgerichtes Paderborn, mit dem die Geldbuße auf jeweils DM 500,– reduziert wurde, und der Beschluß des Oberlandesgerichts Hamm, mit dem die Rechtsbeschwerde abgewiesen wurde, verletzen uns in unserem Grundrecht auf Gewissensfreiheit gemäß Art. 4, Abs. 1 GG und in dem in Art. 6, Abs. 2 GG gewährleisteten Bestimmungsrecht über die Erziehung unseres Kindes.

Wir haben erlebt, wie Daniel allmählich durch die Schule krank wurde. Eine Schule von besserer Qualität haben wir in zumutbarer Nähe nicht gefunden. Im Gegenteil, von Eltern erfuhren wir, daß in der einzig in Frage kommenden Schule, die so gelegen war, daß sie verkehrsmäßig täglich ohne größere Probleme zu erreichen war, ähnlich negative Verhältnisse anzutreffen waren wie an der Altenautalgrundschule. Wir sind dadurch in den Konflikt geraten, einerseits nach dem Gesetz Daniel in die Schule bringen zu müssen, andererseits damit jedoch etwas zu tun, was wir – nach dem, was geschehen ist – mit unserem Gewissen nicht mehr vereinbaren konnten.

Diesen Konflikt haben wir dahingehend aufgelöst, daß wir unserer Gewissenspflicht Vorrang vor der Schulpflicht gaben. Art. 4 GG gibt dem Bürger das Recht gegenüber dem Staat, nicht etwas tun zu müssen, das ihm sein Gewissen verbietet. Oder anders herum: der Staat darf keinen Bürger zwingen, seinem Gewissen, das ihm strikt etwas verbietet, zuwiderhandeln zu müssen.

Art. 4 GG hat in erster Linie eine Schutzfunktion für in Gewissensnot geratene Bürger, d. h., ein Gesetz, das jedermann verpflichtet, verliert für denjenigen seine Verbindlichkeit, dem sein Gewissen verbietet, den Forderungen des Gesetzes nachzukommen. Das ist die Grundlage dieses Grundrechtes. Seine Grenzen haben wir in keiner Weise überschritten, denn wir haben lange gegeneinander abgewogen, was zu tun ist, bevor wir Daniel aus dem staatlichen Schulsystem abgemeldet haben. Im Sommer 1986 war der Punkt erreicht, daß wir unserer Gewissenspflicht Vorrang geben mußten, um für Daniel Lebenschancen zu erhalten.

Es ist sicherlich richtig, daß gegen die vorherrschende Auffassung, daß die allgemeine Schulpflicht das elterliche Erziehungsrecht (Art. 6 GG) in zulässiger Weise beschränke, prinzipiell keine verfassungsrechtlichen Bedenken zu erheben sind. Eine Grundrechtsverletzung liegt jedoch dann vor, wenn Schulpflicht in Zusammenhang mit der konkreten Situation an den Schulen gesehen wird. Denn wenn die staatlichen Pflichtschulen mit ihren Unterrichts- und Erziehungsmethoden Kinder krankmachen, Lernen verhindern und sich auf Kinder – so wie diese nun einmal sind – nicht mehr einzustellen vermögen, liegt eine grobe Mißachtung des elterlichen Erziehungsrechtes vor.

Wir möchten, daß Daniel sich seinen tatsächlichen Anlagen gemäß entwickeln kann, daß er seine Neugier an der Welt behält und daß er Lernen nicht mit Angst und Krankheit verbindet. Um nur ein Beispiel zu nennen: Daniel konnte, als wir ihn vor zweieinhalb Jahren aus der Schule herausgenommen haben, kein Wort mehr lesen. Jetzt liest er mit Begeisterung die altersgemäße Literatur, aber auch Sachbücher, vor allem aus den Bereichen Geschichte, Erdkunde (soweit diese informative Eindrücke über fremde Länder vermitteln) und über die Umweltproblematik. Solange davon auszugehen ist, daß die staatlichen Pflichtschulen diese Entfaltungen von Neigungen und Begabungen eher verhindern als fördern, bedeutet Schulpflicht eine Verletzung des elterlichen Erziehungsrechtes, da die Eltern unter der gegebenen Schulrealität keine Möglichkeit haben, ihren Kindern Entwicklungschancen zu verschaffen, die deren Anlagen entsprechen.

II. Daniel hat, nachdem er verarbeitet hat, was ihm an den Schulen angetan worden ist, uns gesagt, daß er nie wieder in eine

Schule gehen wird. Im Januar 1987 begann er langsam mit der Auseinandersetzung mit den Geschehnissen während seiner zweijährigen Schulzeit. Er hat die Schule als einen Ort erfahren, an dem er daran gehindert wurde, lernen zu können (seine Vergangenheitsbewältigung begann mit der Frage: «Warum muß man eigentlich in die Schule gehen, wenn man dort nichts lernt?»); Schule war für ihn ein Ort, an dem Kinder geschlagen wurden (etwas, was er bis dahin nicht kannte); an dem Kinder wie Mindermenschen behandelt wurden.

Als ihm das alles bewußt geworden war, hat er sich gegen jeden weiteren Schulbesuch entschieden. Wir selbst, als seine gesetzlichen Vertreter, hatten ursprünglich die Herausnahme aus der Schule nur als eine vorübergehende Maßnahme angesehen. Allerdings hatten wir zu der Zeit auch noch nicht gewußt, in welchem Ausmaß Daniel durch die Schule in seinem Selbstwertgefühl verletzt worden war. Jetzt mußten wir aber Daniels Entscheidung gegen die Schule respektieren und diese als eine Gewissensentscheidung auch in seinem Namen gegenüber den Schulbehörden vertreten.

Gesetzlicher oder behördlicher Schulzwang bedeutet im Falle Daniels eine Verletzung der grundrechtlich geschützten Gewissensfreiheit. Der Prozeß der Gewissensbildung ist hier von einer Erlebnisverarbeitung gesteuert worden, die – wenn man es zurückschauend betrachtet – zu dem Ergebnis führen mußte, Schule sei etwas Böses, dem man sich widersetzen muß. Da ohne Zweifel der Schutz der Grundrechte auch für Kinder gilt, haben in diesem Fall die gesetzlichen Verpflichtungen der Gewissensnot zu weichen.

III. Schulpflicht und daraus abgeleiteter Schulzwang wurde eingeführt, und das kann auch seine einzige Legitimation sein, um das Recht eines Kindes auf Bildung nötigenfalls auch gegenüber den Eltern durchsetzen zu können. Das Recht auf Bildung ist ein Menschenrecht. Ein Menschenrecht, daß gemäß Art. 26, Abs. 2 der Allgemeinen Erklärung der Menschenrechte vom 10. Dezember 1948 die volle Entfaltung der menschlichen Persönlichkeit zum Ziel haben soll. Das ist auch genau das, was heute Eltern beabsichtigen, die ihr Kind nicht zwingen, in die Schule zu gehen. Denn das heutige Schulsystem verbaut für einen wachsenden Anteil Kinder Entwicklungs- und Bildungschancen. Eine Weigerung, sich dem Schulzwang zu unterwerfen, erfolgt daher mit dem Ziel, ein Kind vor Schaden durch die Schule zu bewahren. Diese Situation ist in den deutschen Schulpflichtgesetzen, die in ganz anderen historischen Zusammenhängen entstanden sind, gar nicht vorgesehen.

Der Sinn und Zweck dieses Gesetzes war, das Recht auf Bildung durchzusetzen. Es besteht jedoch weitgehende Übereinstimmung darüber, daß das Schulsystem in eine Krise geraten ist, Schulängste und Schulkrankheiten rapide zunehmen, aber auch darüber, daß der Staat seine Rolle im Bildungswesen in grundgesetzwidriger Weise ausgeweitet hat, da er nicht mehr der Ermöglicher von Bildung ist, sondern sich die Rolle des «obersten Erziehers» anmaßt. Zur weiteren Ausführung und Differenzierung dessen haben wir eine Kopie unserer Eingabe vom 3. Dezember 1987 an das Amtsgericht Paderborn in dem Bußgeldverfahren 25 OWi (909/87) als Anlage beigefügt.

Faßt man die darin angeführten Zitate zusammen, so ergibt sich der Schluß, daß der Staat seine Machtposition im Bildungswesen immer weiter ausbaut, seiner eigenen Verpflichtung – das Recht auf Bildung zu verwirklichen – immer weniger nachkommt. Schulpflicht verliert dadurch nicht nur ihre Anbindung an ihren ursprünglichen Sinn, sondern die mit dem Schulrecht geschaffene Rechtsordnung wandelt sich in eine Zwangsordnung, die mit den Wertideen des Grundgesetzes nicht mehr zu vereinbaren ist.

Inwieweit Schulpflicht sich bereits von ihrem ursprünglichen Zweck entfernt hat, mögen die folgenden Aussagen des Jugendpsychiaters R. Lempp verdeutlichen, die gleichzeitig die Ausführungen in der Anlage ergänzen:

«Tatsächlich gewinnt der Kinder- und Jugendpsychiater in der Sprechstunde den Eindruck, daß sich das Bild des Schülers oder

Probleme haben, allmählich wandle. Standen früher reine Schulversagenszustände im Vordergrund, so treten Verhaltensauffälligkeiten in der Schule oder in Zusammenhang mit Schulleistungsproblemen mehr und mehr an die Seite der reinen Versagenszustände, und war früher der Schulprotest, die Erziehungsschwierigkeit, die Aggressivität und das störende Verhalten das übliche Bild beim Schulversager, so scheint dieses heute gegenüber der Angst, vor allem gegenüber der Depression, dem Rückzug und der Resignation in den Hintergrund zu treten. ... Die Schule bringt offenbar mit ihrem System in zunehmendem Maße nicht nur Schulversager, sondern auch Lebensversager hervor, sie macht einen zunehmenden Anteil der Kinder nicht, wie es ihrer Aufgabe entsprechen müßte, lebenstüchtiger, sondern lebensuntüchtiger.» (In: Lempp, R., Schieferle, H.; Ärzte sehen die Schule, Weinheim 1987, S. 28 u. 35)

Schulpflicht verliert damit ihre Legitimität, da sie die vorrechtliche Verfügtheit kindlichen Seins verletzt und mißachtet. Die vorrechtliche Verfügtheit, die im Wesen des Menschen begründet ist, setzt jeder Rechtsetzung Grenzen bzw. hebt Recht, das sich in Unrecht gewandelt hat, auf. Nun gibt es sicher Grenzfälle, in denen es strittig ist, was das Wesen des Menschen ausmacht. Unstrittig ist aber, daß das Recht, sich seinen Anlagen gemäß entwickeln und lernen zu können, den Wesensrechten eines Kindes, die jeder staatlichen Rechtsetzung vorausgehen, zuzurechnen ist. Ein Schulsystem, das lebensuntüchtig macht, mißachtet in grober Weise dieses Recht. Unter diesen Bedingungen verliert der Staat das Recht, auf Schulpflicht zu beharren. Er kann allenfalls noch auf eine Unterrichtspflicht – wie sie beispielsweise in Dänemark praktiziert wird – bestehen.

Hochachtungsvoll

Reaktion des Bundesverfassungsgerichtes
(1 BvR 235/89)

In dem Verfahren über die Verfassungsbeschwerde

1. des Herrn Dr. Hans-Eckbert T r e u ,
   Dalheimer Straße 16, Lichtenau-Husen,
2. der Frau Gisela T r e u ,
   ebenda,
3. des Minderjährigen Daniel T r e u ,
   gesetzlich vertreten durch seine Eltern, ebenda

gegen a) den Beschluß des Oberlandesgerichts Hamm
         vom 30. Januar 1989 – 4 Ss OWi 1403/88 –,
      b) das Urteil des Amtsgerichts Paderborn
         vom 7. November 1988 – 25 OWi 14 Js 570/88
         (511/88) –,

hat die 2. Kammer des Ersten Senats des Bundesverfassungsgerichts durch den Präsidenten Herzog und die Richter Henschel, Dieterich am 21. April 1989 einstimmig beschlossen:

Die Verfassungsbeschwerde wird nicht zur Entscheidung angenommen, weil sie teilweise unzulässig ist und im übrigen keine hinreichende Aussicht auf Erfolg hat.

Den Beschwerdeführern zu 1) und 2) wird eine Gebühr in Höhe von jeweils 500 DM (in Worten: fünfhundert Deutsche Mark) auferlegt.

Gründe:

1. Soweit die Beschwerdeführer zu 1) und 2) die Verfassungsbeschwerde für ihren Sohn als dessen gesetzliche Vertreter erhoben haben, ist der Rechtsbehelf unzulässig. Die angegriffene Entscheidung ist ausschließlich ihnen gegenüber ergangen. Zwar ist ihr Kind mittelbar betroffen, weil sie dafür belangt wurden, daß sie nicht für seinen Schulbesuch gesorgt haben. Eine solche faktische, nicht aber unmittelbare rechtliche Betroffenheit reicht jedoch für die Annahme einer Beschwerdebefugnis

nach § 90 Abs. 1 BVerfGG nicht aus (vgl. BVerfGE 15, 256 ⟨262 f.⟩; st. Rspr.).

2. Im übrigen, soweit die Beschwerdeführer zu 1) und 2) eine Verletzung eigener Grundrechte rügen, hat die Verfassungsbeschwerde keine hinreichende Aussicht auf Erfolg.

a) Der staatliche Bildungs- und Erziehungsauftrag, den die Regelungen des Art. 7 GG verfassungsrechtlich voraussetzen, und die zu seiner Konkretisierung erlassene allgemeine Schulpflicht beschränken in zulässiger Weise das in Art. 6 Abs. 2 Satz 1 GG gewährleistete elterliche Erziehungsrecht. Zu diesem Auftrag gehören neben der Befugnis zur Planung und Organisation des Schulwesens auch die inhaltliche Festlegung der Ausbildungsgänge und Unterrichtsziele sowie die Bestimmung des Unterrichtsstoffs. Dabei darf der Staat unabhängig von den Eltern eigene Erziehungsziele verfolgen (BVerfGE 34, 165⟨182⟩; 47, 46⟨71⟩). Die Durchsetzung dieser Ziele, wie sie in Landesverfassungen und Schulgesetzen zulässigerweise geregelt sind, erfordert ein pädagogisches Konzept, das der Staat zu verantworten hat und naturgemäß dem Einfluß seiner Bildungspolitik unterliegt. Allein darin liegt noch kein Eingriff in grundrechtlich geschützte Positionen von Eltern und Kindern. Seine Befugnisse überschreitet der Staat erst dann, wenn er die notwendige Neutralität und Toleranz gegenüber den erzieherischen Vorstellungen der Eltern vermissen läßt, also ihren Erziehungsintentionen von vornherein keinen Raum gibt. Dafür ist hier nichts erkennbar.

Allein das pauschale Vorbringen der Beschwerdeführer zu 1) und 2), die Schule mache ihren Sohn krank und das derzeitige Schulsystem erwecke Ängste in den Schülern, bietet keinen konkreten Ansatzpunkt für eine verfassungsrechtliche Kontrolle. Ihre Argumentation ist von der Vorstellung getragen, die Schule müsse so organisiert und der Unterricht so gestaltet sein, wie es ihren eigenen pädagogischen Anschauungen entspricht. Ein solch weitgehendes Recht gibt ihnen das Grundgesetz aber nicht, und dies aus wohlerwogenen Gründen. Nicht nur der Staat muß die jeweiligen erzieherischen Vorstellungen der Eltern achten, auch diese sind ihrerseits dem Gedanken der Toleranz gegenüber andersdenkenden Eltern verpflichtet (vgl. BVerfGE 52, 223 ⟨237⟩), deren Belangen die schulische Erziehung ebenfalls Rechnung tragen muß. Sie haben darüber hinaus hinzunehmen, daß der Staat seinen verfassungsrechtlichen Erziehungsauftrag nach seinen bildungspolitischen Vorstellungen zu verwirklichen sucht, und dürfen nicht aus den Augen verlieren, daß alle Erziehungsmaßnahmen von Staat und Eltern dem gemeinsamen Hauptziel verpflichtet sind, eine eigenverantwortliche, gemeinschaftsfähige Persönlichkeit zu bilden. Staat und Eltern müssen daher aufeinander Rücksicht nehmen und ihre Bemühungen nach dem Grundsatz praktischer Konkordanz (vgl. BVerfGE 59, 360 ⟨381⟩) aufeinander abstimmen. Daß die Beschwerdeführer zu 1) und 2) den sich daraus auch für sie ergebenden Pflichten bisher hinreichend nachgekommen sind, muß bezweifelt werden. Ebensowenig scheinen sie sich bislang mit der Möglichkeit vertraut gemacht zu haben, daß die schulischen Schwierigkeiten ihres Sohnes auch und nicht zuletzt auf ihr eigenes, wenig kooperatives Verhalten zurückzuführen sein könnten.

Den erzieherischen Belangen der Eltern im Bereich der Schulpflicht wird jedenfalls aus verfasssungsrechtlicher Sicht dadurch hinreichend Rechnung getragen, daß nach § 6 Abs. 4 des Gesetzes über die Schulpflicht im Lande Nordrhein-Westfalen eine Befreiung vom Besuch der Grundschule aus wichtigem Grunde möglich ist. Daß im Falle des Beschwerdeführers zu 3) eine solche Befreiung nicht erfolgt ist, berechtigt die Beschwerdeführer zu 1) und 2) nicht zur Selbsthilfe. Da die ablehnende Entscheidung seit langem bestandskräftig geworden und nicht Gegenstand des verfassungsgerichtlichen Rechtsbehelfs ist, steht auch für das Bundesverfassungsgericht bindend fest, daß bei ihrem Sohn ein wichtiger Grund zur Befreiung vom Schulbesuch zumindest seinerzeit nicht gegeben war. Wenn die Beschwerdeführer zu 1) und 2) sich dennoch weiterhin weigerten, ihren Sohn der Schule zuzuführen, war ihr Verhalten vom grundrechtlich gewährleisteten elterlichen Erziehungsrecht nicht mehr gedeckt.

b) Soweit sie sich gegenüber ihrer Pflicht, als Erziehungsberechtigte für die Erfüllung der Schulpflicht durch ihren Sohn zu sorgen, auf die Freiheit ihres Gewissens berufen, leiten sie aus Art. 4 Abs. 1 GG Befugnisse ab, die ihnen nicht zustehen. Die Freiheit des Gewissens ist zwar vorbehaltlos gewährleistet; seiner Verwirklichung sind jedoch von vornherein Schranken durch die Grundrechte Dritter sowie durch grundlegende Gemeinwohlanforderungen gesetzt. Zu diesen gehört auch die Erfüllung des staatlichen Erziehungsauftrages gegenüber Kindern, der ebenso wie das elterliche Erziehungsrecht der Entwicklung ihrer Persönlichkeit und damit nicht nur dem Allgemeininteresse, sondern auch dem durch Art. 2 Abs. 1 i.V.m. Art. 1 Abs. 1 GG geschützten Kindesinteresses dient. Da die Beschwerdeführer zu 1) und 2) diesem Interesse gerade wegen ihres grundgesetzlichen Erziehungsauftrages Rechnung tragen müssen, können sie sich nicht darauf berufen, Art. 4 Abs. 1 GG gebiete ihnen, ihr Kind der Schule fernzuhalten oder gar, dessen Entscheidung gegen den Schulbesuch zu respektieren. Ein solch weitgehendes Selbstbestimmungsrecht von Kindern ist mit dem durch die Art. 6 und 7 GG herausgestellten elterlichen und staatlichen Erziehungsauftrag ebensowenig vereinbar, wie die von den Beschwerdeführern zu 1) und 2) beanspruchte Freiheit, ein solches Selbstbestimmungsrecht respektieren zu dürfen.

Die auferlegte Gebühr beruht auf § 34 Abs. 2 BVerfGG.

Diese Entscheidung ist unanfechtbar.

Herzog   Henschel   Dieterich

Kommentar des endlich «aufgeklärten» Vaters

Nun haben die Verfassungsrichter entschieden, und sie haben sich genauso verhalten, wie es in diesem Buch bereits beschrieben worden ist. Das, was in unserem Schulsystem tatsächlich geschieht, ist wieder erfolgreich verleugnet und verdrängt worden. Ex-Kultusminister Herzog hat die Verfassungsmäßigkeit dessen bestätigt, das er einmal mitgestaltet hat. An einigen Stellen liest sich die Begründung wie die Verteidigung von Schulzwang durch einen Kultusminister. Ein Schuß Zynismus bekam das Ganze durch den Verweis auf § 6, Abs. 4 des Schulpflichtgesetzes, denn die Verfassungsrichter wissen sehr wohl, daß in Nordrhein-Westfalen kein Kind aus der Schulpflicht entlassen wird. Und wo das alles nicht reichte, wurden die Geschehnisse ein wenig im Sinne des Gerichtes verändert (im Volksmund nennt man so etwas auch Lüge): «Ebensowenig scheinen sie sich bislang mit der Möglichkeit vertraut gemacht zu haben, daß die schulischen Schwierigkeiten ihres Sohnes auch und nicht zuletzt auf ihr eigenes, wenig kooperatives Verhalten zurückzuführen sein könnten», das ist schon eine abenteuerliche Verdrehung der Realität. Aber daß Richter auf Unterstellungen zurückgreifen, wenn es anders nicht weitergeht, ist eine Erfahrung, die die Eltern bereits beim Amtsgericht gemacht hatten. Dazu paßt es dann auch, daß von den Verfassungsrichtern konsequent all das in der Argumentation der Eltern ignoriert wird, was eine Abweisung der Beschwerde problematisch erscheinen lassen könnte. Daß darüber hinaus ohne obrigkeitsstaatliche Anmaßungen sich aus Art. 7 GG kein staatlicher Bildungs- und Erziehungsauftrag herauspressen läßt, ist auch bereits an anderer Stelle dargestellt. Also keine neuen Erkenntnisse?

Als der Vater, der ja auch der Autor des vorliegenden Buches ist, die Zumutungen des Verfassungsrichters halbwegs emotional verdaut hatte, las er den Beschluß noch einmal langsam und in Ruhe durch. Dabei wurde ihm allmählich der Tenor, der hinter dieser Entscheidung steht, deutlich. Ihm wurde klar, daß er bei der Abfassung der Verfassungsbeschwerde von einem grundlegenden Mißverständnis ausgegangen war. Er hatte angenommen, daß das Grundgesetz und damit auch das Verfassungsgericht für den Bürger gegenüber dem Staat eine Schutzfunktion ausübt. So war das Ganze vor 40 Jahren sicherlich auch konzipiert worden. Aber der hinter der Argumentation der Verfassungsrichter stehende Sinn verweist nachdrücklich auf einen Funktionswandel. Nicht mehr der Bürger soll vor staatlichen Anmaßungen geschützt werden, sondern der Staat vor unbequemen Bürgern. Insofern haben die Verfassungsrichter mit ihrer Begründung ein Stück «Aufklärungsarbeit» geleistet.

Welche Konsequenzen sind hieraus zu ziehen? – Es gilt einmal zu konstatieren, daß aus den Rechtsgarantien der Grundrechte Ansprüche geworden sind, die der Staat nach eigenem Gutdünken gewähren kann. Auf juristischem Weg kann man sich hiergegen nicht wehren. Hier ist politischer Druck vonnöten.

Politischer Druck entsteht, wenn die Eltern gegen solche Entscheidungen die bereits 1849 von Henry David Thoreu proklamierte und von Mahatma Ghandi erneut bekräftigte Pflicht zum Ungehorsam gegenüber dem Staat reklamieren.

Daniel wird auch nach dieser Entscheidung erst dann zur Schule gehen, wenn er will, und zur Zeit will er noch nicht.

Anmerkungen

[1] Geißler, G., Die Schule, in: ders., Strukturfragen der Schule und der Lehrerbildung, Weinheim 1969, S. 165

[2] Hartung, K., Aufgaben der Sozialpädiatrie, in: Lempp, R., Schiefele, H. (Hrsg.), Ärzte sehen die Schule, Weinheim 1987, S. 15/16

[3] Froese, L., Schulkrise – Woher kommt sie, wohin geht sie? in: Schulkrise – international? Hrsg. v. Blumenthal, V. v., Nieser, B., Stübig, H., Willmann, B., Forschungsstelle für Vergleichende Erziehungswissenschaft, Philipps-Universität Marburg.

[4] Vgl. auch Husén, T., Schulkrise, Weinheim, 1974

[5] Mitter, W., Schulen zwischen Reform und Krise, in: Schulkrise – international?, S. 47/48

[6] Leschinsky, A., Schulreform und Schulpflicht – Begrenzte Perspektiven, in: Schulkrise – international?, S. 57

[7] Klafki, W., Schulkrise – Krise der Schule?, in: Schulkrise – international?, S. 85

[8] Lempp, R., Frühkindliche Hirnschädigung und Neurose. Die Bedeutung eines frühkindlichen exogenen Psychosyndroms für die Entstehung kindlicher Neurosen und milieureaktiver Verhaltensstörungen. Bern/Stuttgart/Wien 1978, S. 123

[9] Kinder im Schulstreß, Hrsg. v. Biermann, G., München, Basel 1977, S. 6

[10] Vgl. Zech, Th., Schulangst. Eine empirische Untersuchung, in: Kinder im Schulstreß, a. a. O., S. 106

[11] Lempp, R., Gibt es eine minimal brain dysfunction?, in: Der Kinderarzt, Lübeck 1978, S. 1650

[12] Kos-Robes, M., Reinelt, T., Zum Schülerselbstmord, in: Kinder im Schulstreß, a. a. O., S. 114

[13] Biermann, G., Die Schulkrankheit, in: Kinder im Schulstreß, a. a. O., S. 124

[14] Förg, F. X., Das Scheitern, in: Kinder im Schulstreß, a. a. O., S. 217

[15] Lempp, R., Schulangst und Schülerängste, in: Lempp, R., Schiefele, H. (Hrsg.), a. a. O., S. 123

[16] Flügge, J., Vergesellschaftung der Schüler oder Verfügung über das Unverfügbare, Bad Heilbronn 1979, S. 11

[17] Flügge, J., a. a. O., S. 160

[18] Blankertz, St., Legitimität und Praxis, Wetzlar 1987, S. 123

[19] Blankertz, St., a. a. O., S. 141

[20] Lempp, R., Schulprobleme in der kinder- und jugendpsychiatrischen Sprechstunde, in: Lempp/Schiefele, a. a. O., S. 28 und 35

[21] Mallet, C.-H., Untertan Kind – Nachforschungen über Erziehung, Ismaning b. München 1987, S. 191

[22] Hellmer, J., Anpassung oder Widerstand? Der Bürger als Souverän – Grenzen staatlicher Disziplinierung, Zürich/Osnabrück 1987, S. 119f.

[23] Hellmer, J., a. a. O., S. 43ff.

[24] Vgl. Geiger, W., Die kindgerechte Schule, in: Fragen der Freiheit, Heft 171, Hrsg. Seminar für freiheitliche Ordnung e. V., 7325 Boll

[25] Quelle: Journal of School Health, Heft 2 1986

[26] Chorover, St. L., Die Zurichtung des Menschen. Von der Verhaltenssteuerung durch die Wissenschaften, Frankfurt 1982, S. 14ff.

[27] Roth, H., Pädagogische Psychologie des Lehrens und Lernens, Hannover 1963, S. 188

[28] Scheler, M., Die Stellung des Menschen im Kosmos, Bern/München 1978, S. 12ff.

[29] Ashton-Warner, S., Teacher, New York 1963, S. 93

[30] Prem, H., Eine vergnügte Ballonfahrt ins Leseland, München 1986, S. 8

[31] Vester, F., Denken, Lernen, Vergessen, Stuttgart 1975, S. 116ff.

[32] Herbart, J. F., Herbarts Erziehungs- und Unterrichtslehre (Pädagogik), in: Greßlers Klassiker der Pädagogik Bd. 1, Langensalza 1907, S. 210ff.

[33] Ebenda, S. 243

[34] Löbsack, Th., Die letzten Jahre der Menschheit. Vom Anfang und Ende des Homo sapiens, München 1983, S. 18

[35] Dilthey, W., Grundlinien eines Systems der Erziehung, in: Ballauff, Th. u. a. (Hrsg.), Grundlagen und Grundfragen der Erziehung, Heidelberg 1964, S. 21

[36] Marx, K., Engels, F., Kommunistisches Manifest, Berlin 1967, S. 63

[37] Durkheim, E., Education et Sociologie, Paris 1923, S. 50

[38] Braunmühl, E. v., Antipädagogik. Studien zur Abschaffung der Erziehung, Weinheim 1975, S. 225

[39] Miller, A., Am Anfang war Erziehung, Frankfurt 1983, S. 312

[40] Wir sind ein Teil der Erde. Die Rede des Häuptlings Seattle an den Präsidenten der Vereinigten Staaten von Amerika im Jahre 1855, Olten/Freiburg 1982, S. 33/34

[41] Marcuse, H., Der eindimensionale Mensch, Neuwied – Berlin 1978, S. 14

[42] Pasolini, P. P., Freibeuterschriften. Die Zerstörung der Kultur des einzelnen durch die Konsumgesellschaft, Berlin 1979, S. 29/30

[43] Postman, N., Wir amüsieren uns zu Tode, Frankfurt 1985, S. 100

[44] Goodman, P., Compulsory Mis-education and The Community of Scholars, New York 1966

[45] Beispielsweise: Postman, N., Wir amüsieren uns zu Tode, Frankfurt 1985, oder Treu, H.-E., Unser schönes neues Schulsystem. Eine Streitschrift gegen die Zerstörung der Individualität, Frankfurt 1985

[46] Vgl. Phyllis Krystal, Die inneren Fesseln sprengen. Befreiung von negativen Bindungen und falscher Programmierung, Olten u. Freiburg i. Br. 1988

[47] Erschienen in der Schweizer Wochenzeitung «Die Weltwoche», Zürich, Nr. 16 vom 20. 4. 1989 unter dem Titel: «Eine Frau stellt eine Frau und einen Ort in Frage». Wir danken für die Genehmigung zum teilweisen Abdruck.

[48] Cassierer, E., Was ist der Mensch? Versuch einer Philosophie der menschlichen Kultur, Stuttgart 1960, S. 39